JULIAN WITZEL

# JUNGE WEISSE MÄNNER

JULIAN WITZEL

# JUNGE WEISSE MÄNNER

Was ich als Mann zur neuen Männlichkeit zu sagen habe

riva

**Bibliografische Information der Deutschen Nationalbibliothek**
Die Deutsche Nationalbibliothek verzeichnet diese Publikation in der Deutschen Nationalbibliografie. Detaillierte bibliografische Daten sind im Internet über http://dnb.d-nb.de abrufbar.

**Für Fragen und Anregungen**
info@rivaverlag.de

**Wichtiger Hinweis**
Ausschließlich zum Zweck der besseren Lesbarkeit wurde auf eine genderspezifische Schreibweise sowie eine Mehrfachbezeichnung verzichtet. Alle personenbezogenen Bezeichnungen sind somit geschlechtsneutral zu verstehen.

Originalausgabe
1. Auflage 2022

Türkenstraße 89
80799 München
Tel.: 089 651285-0
Fax: 089 652096



Redaktion: Petra Holzmann
Umschlaggestaltung: Karina Braun
Umschlagabbildung: Shutterstock.com/WAYHOME studio
Satz: abavo GmbH, Buchloe
Druck: CPI
Printed in Europe

ISBN Print 978-3-7423-2083-4
ISBN E-Book (PDF) 978-3-7453-1855-5
ISBN E-Book (EPUB, Mobi) 978-3-7453-1856-2

Wir produzieren nachhaltig
www.m-vg.de

*Weitere Informationen zum Verlag finden Sie unter*
**www.rivaverlag.de**
Beachten Sie auch unsere weiteren Verlage unter www.m-vg.de

# Inhalt

Für Hannah, Henri und Loni

# Vorwort

Ich bin eigentlich sehr gerne ein »alter weißer Mann«. Entgegen landläufigen Unterstellungen handelt es sich hierbei, so empfinde ich es zumindest, nicht um eine abwertende Bezeichnung. Es handelt sich vielmehr um eine Art Gattungsbegriff. Ich glaube, man muss sich, einmal präziserweise als »alter weißer Mann« identifiziert, vollumfänglich mit dieser – ja völlig korrekten – Zuschreibung identifizieren, nach dem Motto: »Wenn du's nicht verbergen kannst, musst du eben voll reingehen!«

Als der Begriff aufgekommen ist, war ich zunächst irritiert. Mittlerweile lebe ich großartig damit. Ich stehe gewissermaßen an der Spitze der Alte-weiße-Männer-Bewegung. Sicher, einige Sachen gehen nicht mehr. Ich würde einiges, was ich früher gemacht habe, so heute nicht mehr machen. Aber wenn es wieder einmal heißt, die »Grenzen des Sagbaren haben sich verschoben«, dann ist ja meistens völlig unklar, *wohin* sie sich verschoben haben sollen. Also: Sind diese Grenzen wirklich enger geworden? Oder kann man nicht heutzutage Facetten des Seins sprachlich zum Ausdruck bringen, von deren Existenz man bis vor Kurzem noch nicht einmal wusste?

Für mich ist das wie das Erlernen eines neuen Vokabulars. Ja, ich lerne die Sprache neu. Ich lerne die neuen Begriffe, weil es mir Spaß macht. Zum Beispiel das Wort Lehrer*innen: Wenn ich im Deutschlandfunk spreche, dann spreche ich das auch so aus, mit dieser kleinen Pause zwischen dem »Lehrer« und dem »innen«, der Deutschlandfunk ist da ja ganz weit vorne. Es gelingt dann leider nicht immer, die Nachrichten fehlerfrei zu artikulieren und vorzulesen, das ist ein wenig bedauerlich. Aber man lernt eben.

Vor einiger Zeit habe ich auf der Bühne in Wien die Begrüßung »Guten Abend, meine Herren, guten Abend, liebe Menschen ohne Penis« versuchsweise angewendet. Da hatte ich kurz vorher gelesen, dass das jetzt korrekt sein soll, sogar ultrakorrekt. Ich war damit auch für den Abend auf der sicheren Seite, in etwa die Hälfte des Publikums fühlte sich tatsächlich angesprochen. Man muss den Code beherrschen. Ich arbeite als alter weißer Mann daran, weiter zu sein als die Kritik an mir.

Für den jungen weißen Mann stellen sich da sicherlich noch ganz neue Herausforderungen. Denn wo ich mit einer gewissen Milde behandelt werde – oder die Aufregung auch gar nicht so mitbekomme, weil ich nirgendwo im Internet bin –, da wird beim jungen weißen Mann schon vorausgesetzt, dass er in der neuen Zeit angekommen ist. Ich empfinde das in gewisser Weise als gerecht, denn was uns als Alte-weiße-Männer-Gelesenen alles zugeschrieben wird, da muss man erst einmal hinkommen. Alter-weißer-Mann-Sein muss man sich verdienen.

Harald Schmidt

# 1

# Der erwachte Mann

Hier ist die Wahrheit: Ich möchte ein guter, moderner, junger – und später auch alter – weißer Mann sein. Ich möchte mich dem stellen, was Generationen vor mir auf groteske Weise falsch gemacht haben, und dem, was ich mir selbst an Verirrungen vorwerfen muss. Ich möchte zuhören, verstehen, ändern, manifestieren, das alles möchte ich tun, ohne darum gebeten zu werden, ich möchte es tun, weil es mir selbst wichtig ist. Ich möchte keinen Unterschied sehen zwischen Frau und Mann, ich möchte *unter* einer Chefin arbeiten, ohne es *unter einer Chefin arbeiten* zu nennen, weil es nichts ist, was einer besonderen Betonung bedarf. Ich möchte nie, nie wieder in der Beschreibung eines Menschen hören, dass er schwul sei, aber sehr nett. Ich möchte Freunde, die nur noch zweimal in der Woche ins Büro fahren, um an den anderen Tagen Pastinakenbrei für ihre Babys zu kochen, für die coolsten und härtesten Typen der Welt halten. Ich möchte meinen Sohn zum Ballett fahren und wegen meiner Tochter zum Gespräch in die Schule müssen, weil sie jemandem ein blaues Auge gehauen hat. Ich möchte überall Astronautinnen sehen, in der ganzen ISS soll es nur so wimmeln von ihnen.

Und ich möchte Pornos gucken. Weil ich es immer schon gemacht habe, und weil es einfach alle machen, auch *die* Freunde, die sagen, sie täten es nicht. Ich möchte meine Frau hin und wieder auf ihren Hintern reduzieren, weil sie einen wirklich schönen hat. Ich möchte sie zu Tim Raue einladen und die bizarr hohe Rechnung bezahlen, weil es mir Spaß macht, ein Gentleman für sie zu sein, weil sie es mag, wenn ich Türen aufhalte. Ich möchte mit einem roten alten Alfa Romeo Spider ins Büro fahren und trotzdem als modern gelten, weil ich nämlich über alles Bescheid weiß, was auf der Welt so geht, auch wer X Æ A-12 ist, nur sitze ich dabei eben in einem Oldtimer. Ich möchte über ein gutes Stück Entrecote reden und mir einbilden, dass ich Garpunkte fühlen kann, was überhaupt nichts zu tun hat mit der debilen Werbedarstellung freiheitssuchender Männer vor ihrem Grill im Schrebergarten. Ich möchte mich an früher erinnern und dabei nicht das Gefühl haben, ich hätte bis hierhin ein Leben als Perverser geführt – nur weil Männer heute anders, besser mit Frauen umgehen. Und ich möchte, dass Benjamin von Stuckrad-Barre weiterhin gelesen wird, auch wenn seine Werke immer noch so klingen wie vor zwanzig Jahren: weiß, männlich, Pop.

* * *

Ist dieses Wesen, das ich sein möchte, überhaupt lebensfähig?

* * *

Wer die letzten Jahre nicht als Eremit in einer Eishöhle verbracht hat, wird mitbekommen haben, dass *der Mann* im öffentlichen Diskurs zu einem wild verhandelten Konzept geworden ist. Da gibt es die Hatz auf den schlimmsten Vertreter seiner Zunft, den alten weißen Mann, da ist die Rede vom Ende des Patriarchats, da spricht der Feminismus plötzlich von einer normativen Männlichkeit, die nun endlich dekonstruiert gehöre, da bestimmt die sogenannte Wokeness, was richtig und was falsch ist. Die Deutungsmodelle reichen sogar bis zur Frage nach der Existenzberechtigung des Mannes. Damit befindet sich *die Männlichkeit*, so weit kann man schon gehen, in der größten Krise ihrer Geschichte – sie erlebt ihr persönliches Lehman Brothers. Was genau ist passiert?

Erst mal kann man sagen: Der heterosexuelle Cis-Mann, wie wir ihn seit Jahrzehnten kennen, wie ich ihn selbst abgab und vielleicht noch immer abgebe, war in der Vergangenheit einfach einmal zu oft in geradezu existenzielle Debatten verwickelt: Gendergerechtigkeit, *MeToo*, Identitätspolitik. Obwohl es dabei nie wirklich um Heteromännlichkeit als zu reformierendes Konzept ging und geht, leitet sich daraus zu Recht ein gewisser gesellschaftlicher Handlungssdruck ab. In jedem Unternehmen würde man das so angehen: *Wer macht da immer Probleme? Aha, der Heteromann, schauen wir uns den mal genauer an*. Dass sich die Männlichkeit an einem Punkt befindet, an dem der dringende Ruf nach Erneuerung laut wird, hat aber auch damit zu tun, dass der Männlichkeitsbegriff in den letzten Jahren durch die neue Diversität männlicher Akteure ganz andere Anforderungen zu erfüllen hat: alter weißer Mann, Transmann und queerer Paradiesvogel – sie alle gehören theoretisch unter ein Dach. Nur: Wie dieser neue Männlichkeitsbegriff genau aussehen soll, wer mit ihm gemeint ist und was in Zukunft arglos auf Instagram als *männlich* bezeichnet werden kann, ist noch nicht ganz klar. Wie feministisch muss der Mann werden? Und wie woke? Es scheint, als definierte sich dieses neue, wachsende Männlichkeitsverständnis und die daran aufgehängte Rolle in woken und feministischen Denkmustern zunächst durch die Abgrenzung vom Alten, Toxischen, Heteronormativen, vom falsch Anerzogenen, das es zu zerschlagen gilt.

* * *

Aber ist das fair? Und überhaupt praktikabel?

* * *

Schaut man sich die Missstände und Ungerechtigkeiten an, die diesen gesellschaftlichen Justagen als Startpunkt dienten und in deren Kontext sich der Heteromann nicht gerade von seiner altruistischen Seite gezeigt hat, scheint es völlig angemessen, ihn auf Jahre, wenn nicht Jahrzehnte nach hinten zu stellen, was die einfühlende Beschäftigung mit seinem Selbstverständnis, ja auch mit seinen Problemen angeht. Der Heteromann hat es krachen lassen, jetzt sind die anderen dran.

Bei allem Umschwung darf aber ein empirisches Detail nicht ausgebubblt werden: dass unsere Gesellschaft nun mal zu einem großen Teil aus heterosexuellen Cis-Männern besteht. Eine Gruppe, der die Lobby in den woken Communitys fehlt, der die schillernden Vertreter in den Newsfeeds abgehen, die unheilvoll zwischen Marteria, Markus Söder und Steve McQueen feststeckt, die aber als ebenjene zähe Biomasse irgendwie mit reinmuss in den Kuchen, der einmal allen schmecken soll. Der Wandel, um es bundespräsidial zu formulieren, kann nur mit Heteromännern wie mir gelingen. Mit Männern, die intellektuell die Notwendigkeit eines neuen Männlichkeitsverständnisses komplett einsehen, die schon erste Schritte gegangen sind oder sich selbst schon als Feministen bezeichnen und die es trotzdem nicht richtig hinkriegen, sämtliche toxische Anlagen, die sie meist nicht einmal zu identifizieren imstande sind, unter ihren Danger-Dan-T-Shirts zu verstecken.

Ich bin mir sicher, dass einem Verständnis von irgendeiner *neuen* Männlichkeit dringend ein Verständnis für die *alte* beziehungsweise *aktuelle* vorausgehen muss. Denn: Ist es nicht ein bisschen so wie damals mit der DDR? Als die innerdeutsche Grenze verschwand, stülpte man schneller westliche Werte über Spreewaldgurken, Jungpioniere und Ampelmännchen, als der eingemeindete Brandenburger »Bananenallergie« sagen konnte. Zu schnell, da sind sich Historiker und Soziologen einig. Vieles, was man in der DDR kultiviert hatte, war »natürlich« unvereinbar mit der Art und Weise, wie man in der Bundesrepublik leben wollte, aber man gab den Menschen in den neuen Bundesländern zu wenig Zeit, zu wenig Aufmerksamkeit und vermutlich zu viel Helmut Kohl, sodass die Wiedervereinigung niemals auf stabilem, gesellschaftlichem Grund hätte stehen können.

Machen wir diesen Fehler nicht ein zweites Mal. Betrachten wir den jungen weißen Mann als die DDR unter den Geschlechtern. Geben wir ihm die Chance, sich mit sich selbst auseinanderzusetzen, bevor wir ihn auf links drehen. Gönnen wir ihm diesen kurzen Moment, noch einmal über alles nachzudenken, mal zu schwelgen, mal zu staunen, dann zu erkennen, was wirklich schieflief und schiefläuft und an was er doch lieber festhalten möchte. Lassen wir ihn zu sich kommen. Aber nicht geweckt von der schrillen Fanfare, die aus dem Smartphone tönt, sondern von der Sonne, die Strahl für Strahl durch die Jalousien bricht.

* * *

Ich fang mal an.

2

# Götterdämmerung

Der erste große Mann in meinem Leben hieß Thomas Gottschalk. Da war ich vielleicht sechs oder sieben Jahre alt. Damals fand ich es natürlich auch ganz spannend, wenn mein Onkel in seinem Polizeiauto vorbeikam und mir eine echte 9-mm-Pistole in die klebrige Kinderhand legte oder wenn ein Freund des Hauses, der Klempner war und sehr viel früher Ostdeutscher Meister im Boxen, ein gekochtes Ei im Ganzen hinunterschluckte und mit bloßen Händen ein Seil zerriss; und ja, auch mein Vater beeindruckte mich damit, dass er Schlagzeug spielte und jedes Lied auf dem Klavier begleiten konnte – es waren in Wahrheit nur fünf Songs, die er beherrschte.

Aber: Wenn Thomas Gottschalk am Samstagabend die sogenannte Showtreppe herunterkam und zum Familien-Unterhaltungs-Smasher *Wetten, das...?* begrüßte, passierte etwas anderes, etwas jenseits von runtergeschluckten Eiern und Handfeuerwaffen. Eine Art Sonnenkönig der Gegenwart, in Gehrock und barocker Lockenpracht, trat einem da entgegen, eine Erscheinung, die man als Kind natürlich nicht ansatzweise reflektieren konnte, die einem deshalb keine andere Wahl ließ, als sich das Übermenschliche samt seiner Genialitätsparameter als höchstes Ziel menschlichen, kindlichen und eben auch männlichen Strebens wehrlos auf die Persönlichkeitsplatine zu stanzen.

Dabei war die Männlichkeit Gottschalks zumindest in Ansätzen ambivalent. Würde ein unwissender Nordamerikaner heute einen Blick auf den Achtzigerjahre-Gottschalk werfen, auf seine Kleidung, seine Frisur – er würde ihn wohl für eine frühe Führungsfigur der bundesrepublikanischen LGBTQ+-Bewegung halten. Tatsächlich glaube ich, dass Gottschalk mit seinen Outfits – den wallenden Mänteln, den Stiefeln mit hohem Absatz –, ohne es zu ahnen, ein Wegbereiter dessen war, was sich heute in Frauenkleidern tragenden Männern Bahn bricht, der Überzeugung nämlich, dass die Art, sich zu kleiden, nicht an das Geschlecht gekoppelt ist, dass Mode non-binär funktioniert.

Aber auch und *gerade* in den traditionell heterovertaggten Männlichkeitsfeldern bewegte sich Gottschalk als Pionier und ohne Konkurrenz. Da war zum Beispiel sein Humor, das Sprücheklopfen, diese Echtzeit-Schlagfertigkeit. In einer Phase, in der ich gerade die Gagzone rund um *Scooby-Doo* und *DuckTales* verlassen hatte und noch nicht ganz bei Slapstick-Großwerken wie *Die nackte Kanone* oder *Hot Shots!* angekommen war, wirkten die Gottschalk-Pointen wie Boten aus einer anderen Welt. Witze, die ich unbedingt gut finden wollte, weil sie meine Eltern gut fanden, weil sie insbesondere mein Vater, den ich für hinlänglich humorkompetent hielt und halte, durch sein Lachen zu etwas Edlem erhob. Oft lachte ich, ohne den Gag verstanden zu haben – irgendwas mit *Dekolleté*, irgendwas mit einer knappen Badehose, egal: Ultrawitzig! Das letzte bisschen, was da oft zur Durchdringung fehlte, dieser leichte inhaltliche *Blurr*, genau das machte es so reizvoll, ließ mich vor Amüsement prusten, in schallendem, vorstimmbruchlichem Grundschulsound, und ich stopfte mir dabei händeweise Kartoffelchips durch die Zahnlücken und fühlte mich ziemlich erwachsen und gleichzeitig aufgehoben in unserem kleinen, verschworenen Kreis von Gottschalk-Fans.

Dann waren da die ganzen Frauen an Gottschalks Seite. Wenn er mal wieder Madonna, Liz Hurley oder Michelle Hunziger an der Showtreppe abholte, um sich bald unter vorfreudigem Seufzen strahlend neben sie aufs Sofa zu werfen, verstand ich natürlich noch nicht ganz, was es mit schönen Frauen auf sich hatte, wohl aber, dass es gut sein musste, sie in seiner Nähe zu haben, sie zum Lachen zu bringen, ihren Kleidern und manchen Körperteilen Komplimente zu machen. Gottschalk tat dies ja quasi pausenlos.

In den Jahren also, in denen ich nach Heldenfiguren und männlichen Vorbildern außerhalb von Karl-May-Geschichten und der eigenen Verwandtschaft suchte, war Gottschalk das berühmteste und witzigste Vorbild, das die öffentlich-rechtliche Medienbubble der späten Achtziger feilbot. Hätte man mich damals gefragt, was ich später mal beruflich werden wolle, ich hätte mit großer Wahrscheinlichkeit gesagt: Thomas Gottschalk.

* * *

Vor Kurzem sah ich einen Fernsehausschnitt aus dem Jahr 2004, in dem Gottschalk die noch fast jugendliche Anna Netrebko im Rahmen eines Opernabends zum Talk begrüßte, und zwar mit den Worten: *Und jetzt freue ich mich auf eine schöne Frau, die ich auch anfassen darf.* Er hatte vorher bedauert, dass ihm bei seinem letzten Konzertbesuch vom Rang aus nur der *Blick* ins Dekolleté einer Cellistin geblieben sei. Nachdem sich Netrebko neben ihm niedergelassen hatte, legte er seine Hand auf ihr nacktes Knie und fragte gleich zu Beginn die irgendwie irritiert dreinschauende Ausnahmesängerin, ob ihr gutes Aussehen denn hinderlich sei bei der Arbeit an der Oper. Da stimmte natürlich gar nichts. Diese Moderation war das Gruseligste, was ich seit Langem gehört hatte, und sie war etwa zehn Jahre nach Gottschalks Schaffenshoch entstanden – leicht auszurechnen also, wie es um den Gottschalk'schen Sexismus nach Abzug einer Dekade *Feminismus* bestellt gewesen sein muss.

Gottschalk war selbstverständlich das, was man mittlerweile einen Sexisten nennen würde. Sicher nicht in einem juristisch relevanten Sinne, auch nicht, weil er es in einem Ausmaß war, das ihn vom damaligen sexistischen Grundrauschen abgehoben hätte – er führte vielmehr aus, was gesellschaftlicher Konsens war, und brachte ein weitverbreitetes männliches Mindset auf die große internationale Bühne. Kein üppiges Dekolleté, kein nacktes Bein, kein enges Kleid, das es nicht zu einer Erwähnung gebracht hätte, die allem anderen vorangestellt wurde, etwa beruflichen Erfolgen oder charakterlichen Eigenschaften. Begegnete ihm gar ein Netrebko-haftes freiliegendes Knie, blieb es nicht beim Sprechakt, dann packte Gottschalk gerne zu, so lange, bis ein ungünstig terminierter Flug Tina Turner und alle anderen Damen aus der Dauerbefühlung rettete.

* * *

Aber: Es geht ja gar nicht anders, als diese Verfehlungen vor dem Hintergrund ihrer Zeit zu beurteilen, da herrscht, glaube ich, Einigkeit. Gottschalk würde das heute anders machen, diese Wette gilt. Die Frage ist trotzdem: Hat er sich schuldig gemacht? War das Falsche immer schon falsch?

Wenn ich mir vorstelle, wie Gottschalk selbst diesen Fragen nachgeht, überkommt mich große Trauer. Denn durch die Wokeness-Brille von heute wirkt fast alles, was ihn ausmachte, die Dinge, die mich als Sechsjährigen beeindruckten, auf seltsame Weise verwerflich. Ich stelle mir vor, wie er darüber in riesige Selbstzweifel gerät, die letzten Mäntel, die ihm nach dem Brand auf seinem kalifornischen Anwesen geblieben sind, irgendwo vergräbt und als gescheiterte, Rainer-Langhans-hafte Gestalt in einer Einzimmerwohnung auf die erlösende Krankheit wartet. Ich trauere um einen Helden und wünsche mir, dass man eben nicht vor diesen Videos sitzt und denkt: Alter Sexist! Dass es vielleicht einen milderen Blick auf das Vergangene geben kann, eine Art kulturrelativistisches Konzept für *Thomas Gottschalk*. Dass er vielleicht selbst versteht, was nicht optimal lief, und genau die richtigen Worte findet, die gleichzeitig nicht das verteufeln, was war, sondern klug und selbstironisch auf *Früher* schauen, so, wie wir alle auf unsere zu weiten Hosen und schrecklichen Frisuren in den Neunzigern blicken.

Als Gottschalk im Jahr 2021 mit einer Neuauflage von *Wetten dass…?* auf den sogenannten Fernsehschirm zurückkehrte, merkte man ihm die Anspannung deutlich an. Er war zuvor in einige Twitter-Scharmützel verwickelt gewesen und galt nun offiziell als alter weißer Showmann ohne Anschluss an die Gegenwart. Die versöhnliche Erzählung, er hatte sie nicht wirklich gefunden. Vielleicht wollte er sie aber auch nicht finden, vielleicht ist ihm das einfach: egal. Auch dafür hätte ich Verständnis.

* * *

Gottschalk wird nicht zu retten sein. Die entscheidende Frage ist jetzt: Wie viel Gottschalk steckt eigentlich in mir?

3

# He, she, it

Kurz nach Gottschalk tauchte dann, von zuckenden Energieblitzen begleitet, ein weiterer Mann in meinem Kinderzimmer auf: He-Man, zentraler Akteur des vom amerikanischen Spielzeuggiganten Mattel in Plastikfiguren gegossenen, fantastischen Heldenepos *Masters of the Universe*. Schon am Namen ebenjenes an einen Barbaren erinnernden Hauptcharakters war abzulesen: Ein Mann wie He-Man möchte keine Unsicherheit darüber aufkommen lassen, wer der männlichste Mann im Universum ist. Wir Siebenjährigen hatten da sowieso nie irgendwelche Zweifel. He-Mans Muskulatur sprengte die Grenzen alles anatomisch Möglichen, er ritt einen riesigen grünen Tiger, sein Schwert hatte magische Kräfte, und in den wenigen privaten Momenten seines Helden-Lifes flirtete er mit der Tochter des Waffenmeisters, der schönsten und irgendwie auch einzigen wirklich infrage kommenden Frau des Planeten: Teela. Die wiederum wusste gar nicht so genau, mit wem sie es da eigentlich zu tun hatte, denn in Wahrheit handelte es sich bei He-Man um ihren besten, platonischen Freund Prinz Adam, Sohn des Königs Randor. Sein Barbaren-Ich übermannte den sensiblen, manchmal etwas verweichlicht wirkenden Adam ausschließlich im Ernstfall, heimlich, immer dann, wenn niemand zuschaute. Zuvor musste er sein Schwert gegriffen und in die Luft gereckt haben, unterstützt von *der* herausgerufenen Formel, die wahrscheinlich jeder Millennial-Mann Mitte dreißig fehlerfrei rezitieren könnte, würde man ihn mitten in der Nacht dazu ermutigen: *Bei der Macht von Grayskull, ich habe die Zauberkraft!*

* * *

Schon brachen sich Muskeln und Kriegsmontur magisch Bahn, war He-Man im Begriff, Jagd zu machen auf die sogenannten *Bösen* rund um ihren monströsen Anführer Skeletor, und man konnte ohne Risiko sein gesamtes Sparbuch darauf verwetten, dass, egal, wie aussichtslos die Situation an irgendeiner Stelle der Auseinandersetzung auch ausgesehen hat, He-Man den Sieg letztendlich ohne Hilfe seiner Mitstreiter nach Hause reiten würde. Auf einem grünen Tiger.

Manchmal hatte He-Man mit einer geheimnisvollen, exzentrisch auftretenden Frau Namens Zoa zu tun, die regelrecht vereinsamt auf Burg Grayskull wohnte und gelegentlich in Adlergestalt durch die Gegend geisterte. Auch auf Zoa lastete große Verantwortung. Sie war mit der Verwaltung einer diffusen Macht betraut, die am Ende einer energetischen Wertschöpfungskette für He-Mans Superpower sorgte, weshalb er natürlich immer zur Stelle war, sobald ein Böser Zoa nach dem Leben trachtete. Diese gegenseitige Abhängigkeit führte zu einer Art Mutter-Sohn-Beziehung zwischen beiden, was nur deshalb etwas komisch wirkte, weil beide im gleichen Alter zu sein schienen, etwa Ende zwanzig.

* * *

Meine Zeit mit den *Masters of the Universe* begann dramaturgisch korrekt mit der Figur von Prinz Adam. Ihn bekam ich eines Abends von meinen Eltern geschenkt, als Trostpflaster für irgendeine Unannehmlichkeit – vielleicht hatte ich gerade die Windpocken oder eine Mandel-OP hinter mich gebracht. Die Freude war jedenfalls groß und aufrichtig, als ich den mit lilafarbenen Leggins bekleideten Adam aus der Plastikummantelung riss. Ihm folgten bald weitere Figuren – *He-Man, Orko, Mer-Man, Scare Glow, Mantenna*. Mein Masters-Bestand wuchs stetig und an Weihnachten und Geburtstagen sogar exponentiell. Denke ich an diese Jahre – ich schätze, es waren insgesamt zwei gute He-Man-Winter Ende der Achtziger –, sehe ich mich in Trainingshose und Hausschuhen auf dem Boden im Wohnzimmer. Am Horizont, rechts neben dem Sofa, die drohenden Türme von Grayskull. Irgendwo ein Glas Apfelschorle. Meine Haare ganz verschwitzt vom Spielen in der Heizungsluft. Und dazu das Geräusch, wenn Plastik gegen Plastik stieß – es herrschte oft Krieg auf Eternia.

* * *

Kurioserweise hatte das Spielen mit den Masters immer etwas leicht Erregendes, als würde man damit ein wahrlich neues Universum betreten, als erschlösse sich noch nicht die ganze Wahrheit dahinter. Doch worin bestand das Neue?

Gewöhnungsbedürftig war natürlich die Körperlichkeit der Protagonisten. Bis dahin hatte ich als BRD-Kid ja selten etwas anderes als die Figuren von Playmobil oder Lego in die Finger bekommen. In beiden Spielsystemen wurde – sosehr das auch die Fantasie förderte – der menschliche Körper eher verleugnet. Eine Lego-Durchschnittsbürger-Figur war beispielsweise mehr als eine Art angemaltes, kubistisches Arrangement zu verstehen. Geschlechterunterschiede ließen sich nur an Details ablesen: rote Lippen hier, Oberlippenbärte dort. Die gemeine Playmobilfrau konnte man immerhin am kokett angelupften Oberhemd erkennen, Brüste fehlten allerdings auch hier komplett.

In diese Toilettenschildprüderie knallten jetzt die nackten Freaks von Mattel – mehr als einen Lendenschurz trug man nämlich selten auf Eternia. Die unbedeckten Muskelberge, die mir also bei *He-Man, Skeletor, Grizzlor, Moss Man, Man-at-Arms* und den anderen entgegenschlugen, hatten definitiv Neuigkeitswert. Auch die wenigen Frauen Eternias gebärdeten sich anders als ihre Kolleginnen aus der Spielzeugkiste nebenan, lupften Oberhemden gänzlich und präsentierten einsehbare Dekolletés über knappen Hotpants, Gottschalk hätte seinen Spaß gehabt.

Dass ich mich von dieser Sexyness auf damals nicht zu dechiffrierende Weise angezogen fühlte, Teela sogar im Rückblick als meine erste sexuelle Attraktion bezeichnen würde, obwohl es ja auch das andere, das männliche

Nacktheitsangebot gegeben hatte, ist wohl als früher Hinweis auf eine Heteroorientierung zu deuten.

* * *

Die spannende Frage ist jetzt natürlich: Kann eine derartig maskuline Figur wie He-Man eine Vorstellung von Männlichkeit geprägt haben? Konnte sie beeinflussen, wie ich später über Rollenbilder nachgedacht habe, hat sie die Idee von der generellen Überlegenheit des Heteronormativen in mir angelegt? Es ist fast eine unterkomplexe Übung, in Heldenerzählungen wie dieser das patriarchale System wiederzufinden. Comics, Hörspiele, Bücher sind voll von diesen Geschichten, sie verankern natürlich die Grundannahme, Heldentum sei die Sache eines ganz bestimmten männlichen Archetyps. Aber bevor wir zum moralischen Sturm auf Grayskull aufrufen: Mit He-Man ist es dann doch etwas anders, als es scheint.

Heute ist unbestritten, dass es sich bei den *Masters of the Universe* um die schwulste Heldensaga aller Zeiten handelt. Nicht nur weil sie die LGBTQ+-Community zu jener gekürt hat – schaut man sich die Erzählung noch einmal durch die queere Brille an, scheinen sämtliche Figuren tatsächlich einem Kellerraum des Berliner KitKat-Club oder einer sehr geheimen New Yorker Achtzigerjahre-Pride-Party entsprungen zu sein. Ein Panoptikum, absurd bunt, eine Chuzpe gegen jedes System.

Wer hier nach digitalen Beweisen verlangt, findet mehr Memes im Netz, als man in allen Mittagspausen seines Lebens konsumieren könnte: Listicles, die die zehn schwulsten Bewohner Eternias ranken, Musikvideos, in denen Prinz Adam in Musical-Manier seiner Liebe zu Männern nachgeht, Auslassungen über die zweideutigen Namen bestimmter Figuren, allen voran der mit einer gewaltigen Faust gesegnete Freund He-Mans: Fisto.

Schön daran ist, dass in den meisten Fällen die queere Community selbst für diesen Content verantwortlich ist und nicht irgendwelche homophoben Internettrolle. *The gayness is real!*

* * *

He-Man war also nicht nur der toxische Helden-Proll, nicht nur der junge weiße Mann der Barbarenszene, in ihm steckte immer auch der queere Paradiesvogel, der gegen das Normative anging. Seine extreme Maskulinität im althergebrachten Sinne einer körperlichen Überlegenheit und alles zermalmenden Kraft war von beiden Systemen »anzapfbar«, dem heteronormativen und dem queeren. Findet hier nicht eine irgendwie anrührende Parabel zu ihrer Form? Das Werk, das erst mal nur das Werk ist, frei von gesellschaftspolitischen Bezügen, so lange, bis es in unseren Augen zu dem wird, was wir darin sehen wollen? Ist das nicht ein schöner Beleg dafür, dass wir die Macht des Framings nicht unterschätzen dürfen?

Woran die sexuelle Durchlässigkeit der *Masters*-Erzählung natürlich nichts ändert, ist das gründliche Versäumnis, Frauen innerhalb der Saga eine angemessene Rolle zuzuteilen. Solche Geschichten müssen heute selbstverständlich anders erzählt werden. Als 2021 die Neuauflage der *Masters of the Universe* als Comicserie auf Netflix erschien, hatte man dafür allerdings keinen richtig originellen Plan: Die Hauptfigur war Teela geworden, die zusammen mit einer anderen austrainierten Kämpferin in angedeutet lesbischer Beziehung Männer verprügelnd über den Planeten zog. Verglichen mit dem ambivalenten He-Man wirkte das dann fast ein bisschen: normal.

# 4

# Die Wahl meiner Schwester

Wenn ich nicht gerade auf Eternia unterwegs war, hatte ich theoretisch die Möglichkeit, mit meiner jüngeren Schwester zu spielen. Zwischen uns liegen zwei Jahre, ein sogenannter *guter Abstand*. Geschwister haben dann die gleichen Frisuren, befinden sich in ähnlichen Entwicklungsstadien. Manchmal holt das jüngere Geschwister kognitiv sogar so viel auf, dass der Altersunterschied überhaupt keine Rolle mehr spielt. Bei uns war das so. Und trotzdem gab es Probleme im Spielbetrieb: Meine Schwester machte einfach oft nicht mit. Und zwar nicht, weil sie tatsächlich keine Lust hatte, aus den Polstern unseres Wohnzimmersofas einen Millennium Falken zu bauen, der dann neben mir, Han Solo, unbedingt auch mit Chewbacca zu besetzen war. Oder weil sie in einer spontan gegründeten 2-Mann-Punkband auf keinen Fall den Bass übernehmen wollte. Oder sie für einen im Familienkreis nachempfundenen Didi-Hallervorden-Sketch weder für die Rolle der Kassiererin noch für die des Kunden zur Verfügung stand. Es ging ihr, so meine These, bei ihren Verweigerungen mehr darum, die Macht ihres *Neins* auszuspielen. Zu sehen, wie ich daran verzweifelte, sie auf Knien anflehte, *bitte bitte bitte* nur einmal kurz die Engelsflügel anzuziehen, um zusammen mit mir im improvisierten Nikolauskostüm ein vollständiges Weihnachtsarrangement abzugeben. Die Antwort auf derartige Spiel-Buddy-Gesuche lautete einfach sehr oft: Nein!

Meine Schwester machte also von der simplen Möglichkeit Gebrauch, sich einfach *gegen* das zu entscheiden, was der im Sinne des Kinderpatriarchats Größere, Stärkere und Männlichere von uns beiden hatte bestimmen wollen. Dieses Grundprinzip kennt man auch in der Biologie, man spricht von *Female Choice.* Aus dem natürlichen Fortpflanzungsverhalten der meisten Lebewesen abgeleitet beschreibt es, dass sich die Rolle des Weibchens im Paarungsprozess durch das *Entscheiden,* das *Die-Wahl-Haben* auszeichnet, während sich Männchen immerzu anbiedern und mit Nebenbuhlern messen müssen.

Was hier lauthals nach einer Spiegelung der gesellschaftlichen Verhältnisse unserer Zeit schreit, ist von der Biologin Meike Stoverock in ihrem Sachbuch *Female Choice* von vorne bis hinten durchgeackert worden. Im Text konstatiert sie, dass durch die Sesshaftwerdung der Menschen den Frauen immer mehr von der privilegierten Position der Female Choice abgerungen wurde, bis es irgendwann die Männer waren, die Entscheidungen trafen und die Welt nach ihren Vorstellungen einrichteten. Jetzt sei es an der Zeit, die Verhältnisse wieder umzukehren und der männlichen Zivilisation ein Ende zu bereiten.

* * *

Damals, im Nikolauskostüm, hatte die männliche Zivilisation für mich noch gar nicht richtig begonnen. Hätte ich ein Kaspar-Hauser-haftes Leben zwischen Wohnzimmersofa und meiner sich verweigernden Schwester geführt – ich wäre niemals auf die Idee gekommen, dass *Dinge zu bestimmen* auch nur im Entferntesten eine männliche Eigenschaft ist.

5

# Ganz neue Seiten

Man muss sich die frühen Neunziger als eine Zeit ohne Internet und Kabelfernsehen vorstellen. Eine Zeit, die ich mit meiner Familie in einem alten Haus am Dorfrand mitten in der hessischen Provinz verbrachte, außerdem eine Zeit, die man als »Vorzeit« meiner Pubertät bezeichnen könnte. Als ich mich also gerade in kleinen Schritten aus dem gedanklichen Kinderzimmer wagte, He-Man und die anderen langsam zurückließ, um den Blick auf die Dinge zu richten, die in der echten Welt von Interesse, von Wichtigkeit für mich sein könnten, gab es da erst mal nicht viel zu entdecken.

Das Fernsehprogramm umfasste bei uns die ewigen drei öffentlich-rechtlichen Kanäle und befand sich außerdem unter der Kim-Jong-un-haften Kontrolle meiner Eltern. An wildes Zappen durch verruchte Entertainment-Ecken war demnach nicht zu denken.

Insgesamt stellte sich die Welt für einen Neunjährigen einigermaßen reizarm dar. Die Bauernhöfe in der Gegend waren viele Jahre eine geniale Kulisse zum Explorieren gewesen, mit ihren Heuböden und den riesigen Maisfeldern, nun aber hatte ich jede Babykatze im Umkreis einmal gestreichelt und die Felder hinter dem Haus gänzlich vermessen. Die Grundschule, die ich zu diesem Zeitpunkt schon im dritten Jahr besuchte, bot zwar grundsätzlich Neues, das echte Leben aber konnte nicht aus Blockflöten und sprechenden, das Alphabet aufsagenden Socken bestehen, das ahnte ich schon damals. Und was meine Eltern am Frühstückstisch verhandelten, wenn sie sich hinter der *Frankfurter Rundschau* verschanzten und ihre sozialdemokratischen Suaden gegen die Kohl-Regierung abließen, war für mich schlichtweg eine Nummer zu komplex.

* * *

Wo hatte es sich versteckt, das andere, das echte Leben?

* * *

Ich fand es – auf 400 Seiten zusammengefasst – in einem magischen Buch, das die Zukunft einzuschließen schien: im Otto-Katalog. Alles, wonach mein spielzeugmüdes Minimännerherz unterbewusst verlangte – es steckte in diesem Werk, und es war theoretisch zu bestellen. Einmal Erwachsenenleben, bitte. Es gab da zum Beispiel eine Seite mit Waffen, im hinteren Drittel. Mein Weltverständnis reichte noch nicht aus, um zu realisieren, dass hier natürlich nur Schreckschusspistolen zum Verkauf standen. Ich hielt die dort angebotenen Pistolen für echt, für eine gute Gelegenheit, sich endlich ordentlich zu bewaffnen. Spielzeugmunition, Holzschwerter oder auch selbst gebaute Zwackeln – das war die Vergangenheit, die Zeiten würden härter werden, man musste vorbereitet sein.

Während ich nachts unter der Bettdecke auf die immer gleichen Seiten starrte, trug es mich gedanklich davon, hinein in den nächsten Konflikt mit einer konkurrierenden Bande. Ich sah mich dann meine neueste Otto-Katalog-Anschaffung zücken und sämtliche Gegner in die Flucht schlagen. Diese Gangfight-Szenarien waren natürlich völlig aus der Luft gegriffen, soweit ich mich erinnern kann, ist es in meinem Leben nicht ein einziges Mal zu einem Konflikt mit einer konkurrierenden Bande gekommen.

Auf einer anderen Katalogseite wurde ein Motorrad für Kinder angeboten. Das machte mich völlig fertig. Die Vorstellung, auf einem derartigen Gerät durch die Gegend zu rasen, ließ mich lange Zeit nicht in den Schlaf kommen. Dominik Fischer, ein Junge aus der Klasse unter mir, besaß eine solche auf seine Größe angepasste Maschine. Ich sah ihn oft am Horizont über die Feldwege brettern. Ihm galt mein ganzer Neid.

Manchmal fanden in meinen Fantasien auch Revolver und Motorrad zueinander. Ich begab mich dann auf eine irre, Ryan-Gosling-hafte Rallye durch mein Heimatdorf, und obwohl es dort eigentlich so friedlich zuging wie an kaum einem anderen Ort, war ich ständig darauf gefasst, mich irgendwelchen gewaltsamen Auseinandersetzungen zu stellen.

* * *

Die größte Freude aber machte mir ein ganz anderer Teil des Otto-Katalogs: Die Damenunterwäsche, natürlich samt der Models, die sie präsentierten. Aus der Ahnung, die *Frau* könnte noch eine interessante Rolle in meinem Leben spielen, war jetzt die Erkenntnis geworden, dass der weibliche Körper etwas Tolles darstellte. Und dass es Spaß machte, ja sich regelrecht gut anfühlte, ihn einfach nur anzuschauen. Schnell hatte ich Lieblingsabbildungen gefunden - ich tendierte zu Frau in schwarzer Spitze - und erste *Special Interests* entwickelt; Oberschenkel gefielen mir - warum auch immer - besonders gut. *Objektisierung in the making.*

* * *

Damit war der Masku-Dreiklang perfekt: Waffen, Motorräder, nackte Frauen. Aus dem Mund eines vorpubertären Schuljungen, der mit großen Augen vor seiner Nachtlektüre hockt und sich die nahe und etwas fernere Zukunft zusammenstalkt, hat das natürlich eine gewisse Niedlichkeit. Würde ein erwachsener Mann seine Interessen auf diese Weise bekunden, wäre das schon bedenklicher. Wies das Blättern im Otto-Katalog - unschuldig, wie es eigentlich war - den Weg in die toxische Männlichkeit? Brauchte es nur ein paar Bildchen, um das zu entfachen, was vielleicht von Anfang an angelegt war?

* * *

Den Pakt, den mein Grundschul-Ich irgendwann mit meinem zukünftigen, erwachsenen Alter Ego geschlossen hatte, nämlich eine der im Katalog angebotenen Pistolen zu kaufen, sobald meine Volljährigkeit erreicht sein würde, brach ich. Heute besitze ich noch nicht einmal ein Taschenmesser.

Auch die Begeisterung für Motorräder hatte sich nicht nachhaltig verfangen. Als ich mit sechzehn aus einem Unabhängigkeitsreflex heraus den Führerschein für das Fahren einer 125-Kubik-Maschine machte, ahnte ich nicht, dass es in meinem ganzen Leben zu maximal zehn Fahrten kommen sollte. Ich hatte sehr schnell das Interesse verloren. Nur noch sehr selten erfasst mich heute beim Betrachten eines schönen Scramblers die Fantasie, ein solches Designobjekt vor meiner Haustür stehen zu haben.

* * *

Was aber die Faszination für Frauen angeht, für das, was die Unterwäscheseiten, was die schwarze Spitze, was all die Oberschenkel verhießen, war der Otto-Katalog selbstverständlich nur der süße Anfang.

# 6

# Mit bloßen Händen

Neben den zukunftsorientierten Otto-Eskapismen lebte man natürlich auch das sehr reale, ordinäre Leben eines Viertklässlers. Hier unterschied sich der eigene Lebensentwurf kaum von dem der Klassenkameraden, die Möglichkeiten zur Distinktion sind eben begrenzt, wenn man Grundschüler ist, zumindest war das in meiner Kindheit so.

Wer einem Hobby nachging, konnte dies rein rechnerisch gar nicht lange genug betrieben haben, als dass ein signifikanter Leistungsunterschied zu den anderen hätte aufgebaut werden können, es sei denn, man war das eine Kind, für dessen Zukunft die Eltern eine Karriere als Klaviergenie oder Leichtathletikwunder vorgesehen hatten.

Für das Ausspielen von *Herkunft* fehlte in diesem Alter noch die gesellschaftliche Sensibilität. Es interessierte einfach nicht so sehr, wer da in welchen Häusern wohnte und welche Autos fuhr, solange es nicht um den einen, völlig aus dem Raster fallenden Sohn des Schrotthändlers ging – der hatte es, nach guter alter grausamer Kindersitte, selbstverständlich schwer.

Auch was schulische Leistungen betraf, musste man schon außergewöhnlich gut oder wahnsinnig schlecht performen, um sich aus dem Grundschul-Mittelfeld abzuheben. Beim Singen von »Jetzt fahrn wir übern See« und dem Ausmalen irgendwelcher Umlaute waren die meisten eben gleichauf.

Dem Jungen der Schulkind-Mitte blieb also nur das archaischste aller Mittel, um sich im sozialen Gefüge zu profilieren: die Prügelei. *Bei der Macht von Grayskull!*

* * *

Jetzt darf man sich körperliche Auseinandersetzungen unter Viertklässlern, wie sie Anfang der Neunziger in der hessischen Provinz stattfanden, nicht allzu brutal vorstellen. Im Grunde bestanden sie aus reinen Rangeleien, in deren Verlauf es meistens einem der Kämpfer gelang, den Gegner in den Schwitzkasten zu nehmen und ihn im Anschluss über das quer gestellte Bein zu Fall zu bringen. Danach genoss man den Triumph über den Niedergerungenen noch einen Moment, legte sich auf ihn und verharrte, bis man wirklich nicht mehr wusste, was denn jetzt noch zu tun war, nach *erwürgen* oder *Schädel zertrümmern* stand einem der Sinn selbstverständlich nicht.

* * *

Ich erinnere mich an eine Geburtstagsfeier – ich glaube, ich wurde neun –, auf der die ganze Urtümlichkeit unserer Grundschul-Society zutage trat. Wir feierten bei mir zu Hause, im Garten. Eingeladen waren nicht nur die Jungs aus meiner Klasse, sondern auch Timo, zu dem ich eine Restfreundschaft aus Kindergartentagen unterhielt und der deshalb für meine Schulfreunde ein kritisch zu beäugender Unbekannter war. Als wir auf der Wiese vor dem Haus alle zusammenkamen, dauerte es nicht lange, bis sich Timo in der Mitte eines Kreises wiederfand, den wir Jungs um ihn herum reflexhaft gebildet hatten. Vor ihm baute sich, ohne dass es ein Protokoll, einen Plan oder irgendeine Absprache dazu gegeben hätte, der Dickste und folglich Stärkste von uns auf: Daniel Müller. Beiden war klar, dass dieser Kampf stattfinden musste, ein Neuling hatte sich zu positionieren, am besten im Abgleich mit der Nummer eins. Es folgte das Übliche – Schwitzkasten, Bein stellen, drauflegen –, dann stand fest: Der schmale Timo hatte über Daniel gesiegt, ein völlig unerwarteter Ausgang. Würde Daniel seine Stellung als Boss der Gruppe verlieren? Hatte Timo jetzt das Sagen? Und wie war es ihm gelungen, diesen Sieg zu erringen? Zählte doch nicht die Masse allein?

Wie sich herausstellte, wollte Timo überhaupt kein Anführer sein. Daniel konnte also im Amt bleiben. Unser Respekt vor ihm aber hatte für immer Schaden genommen.

* * *

Die Archaik der Kindheit verliert sich natürlich im Prozess des Älterwerdens – Begegnungen mit Unbekannten führen unter Mittdreißigern nur noch selten zu Begrüßungskämpfen. Ich kann sogar sagen, dass ich heute reale Gewalt regelrecht verachte. Natürlich in *jedem* Kontext, in *jeder* Konstellation, aber insbesondere auch in Gestalt der irgendwie romantisch zu lesenden Auseinandersetzung zwischen zwei Männern, der Prügelei. Die Idee, einem Gegenüber mit großer oder gar größter Kraft in etwas so Sensibles wie das Gesicht zu schlagen, befremdet mich; als hätte es die einem Computerspiel entsprungene Kampfhandlung irgendwie in die echte Welt geschafft. Dazu kommt, dass ich die körperliche Auseinandersetzung als größtmögliche intellektuelle Kapitulation verstehe und mir einfach nicht vorstellen kann, dass irgendjemand das anders sieht und seine Konfliktlösungskapazitäten freiwillig auf das kognitive Level eines Dinosauriers runterstuft.

Manchmal reagiere ich sogar mit Übelkeit auf Gewalt. Etwa wenn der Instagram'sche Algorithmus mal wieder kurze Ausschnitte eines Mixed-Martial-Arts-Kampfes in meinen Newsfeed spült, jener wahnsinnig populären Kampfsportart, deren Regeln zufolge Gegner ohne Boxhandschuhe gegeneinander antreten und aufs Brutalste versuchen, sich bewusstlos zu schlagen, und sogar dann noch der Schädel des Kontrahenten traktiert werden darf, wenn dieser schon einigermaßen schutzlos am Boden liegt.

* * *

Aber ist die Prügelei als männliche Kulturtechnik wirklich nur Sache der Zurückgebliebenen, der Ungebildeten, der Limitierten? Oder steckt das Konzept von physischer Überlegenheit, vom Recht des Stärkeren in einem viel grundsätzlicheren männlichen Selbstverständnis? Vielleicht sogar in einem neuen?

Ich denke an meinen Bekannten Stefan. Vor einigen Jahren, als ich ihn noch häufiger sah, betrieb er mit großer

Leidenschaft jenen Vollkontakt-Kampfsport, der das Eindreschen auf Köpfe bei relativer Wehrlosigkeit vorsieht. Vieles, was er von seinem Training, von den Techniken erzählte, die er dort erlernte, stieß mich ab. Hellhörig wurde ich nur, als er einmal einen beinahe philosophischen Gedanken dazu äußerte: Er habe wirklich keine Angst, sagte er unvermittelt, in einem Job-Meeting den Faden zu verlieren oder von irgendwem verbal angegriffen zu werden – schließlich könne er sich dann immer vor Augen führen, jeden im Raum – theoretisch – mit bloßen Händen töten zu können.

* * *

Ich denke auch an einen Abend, den ich Mitte der Nullerjahre mit meiner damaligen Freundin in einer Bar in Köln verbrachte. Ich muss zu dieser Zeit Mitte zwanzig gewesen sein, und sicher war ich nicht das, was man einen kräftigen Typen genannt hätte: groß zwar, aber im Gesamteindruck eher schlaksig. Wie üblich für Orte, an denen man Kölsch ausschenkt, standen die Gäste dicht gedrängt, wir hatten aber schon früh am Abend einen ganz passablen Platz an der Theke besetzen können, lehnten in Zapfanlagennähe und füllten die Zeit zwischen den Bieren mit Gesprächen, über deren Inhalte ich nur noch mutmaßen kann, wahrscheinlich ging es um die Beziehungsprobleme von irgendwem, darum ging es oft.

Irgendwann fasste dann jemand im Gedränge meiner Begleitung an den Hintern, während ich mit der Bestellung weiteren Alkohols beschäftigt war; ich hatte es nicht mitbekommen. Sie tobte. Ich solle was tun, das könne man dem Typen doch nicht durchgehen lassen, dahinten stehe das Schwein. Ein Mann, der aussah, als hätte man ihn als üble Rockerfigur für eine TKKG-Geschichte besetzt: groß, breit, Weizenbier in der Hand, begleitet von anderen Rockern in Motorradkutten des offensichtlich gleichen Clubs. Was war zu tun?

Natürlich spürte auch ich eine aufrichtige Wut der Tat gegenüber. Abgesehen von der kategorischen Verfehlung, zu der man schon damals, lange vor *MeToo*, keine zwei Meinungen haben konnte, fühlte ich die Demütigung, den Angriff auf etwas, das für mich von Bedeutung war, was es zu rächen oder zumindest zu verteidigen galt. Gleichzeitig war da aber auch eine riesige Unsicherheit, was meine Optionen anging, denn die Fragen, die plötzlich im Raum standen, waren nicht trivial: Ist es überhaupt richtig, sich als Mann derartig in die Angelegenheiten einer Frau einzumischen? Wenn ja, muss es hier im Sinne irgendeines Männlichkeitsverständnisses auf jeden Fall zum Faustkampf kommen? Und wäre es dann wiederum vertretbar, auf die Prügelei zu verzichten, wenn es wirklich gar keine Aussicht auf einen Sieg gibt?

*»Tu was!«*, brüllte meine Begleitung, während in meinem Kopf diese Fragen rotierten. Als sich mein Körper irgendwann in Bewegung setzte, hatte ich noch keine ganz genaue Vorstellung davon, was jetzt passieren würde. Schon aus der Entfernung bemerkte der TKKG-Hool mein Aufmarschieren und stapfte mir einige Schritte entgegen. Es muss eine großzügige Portion Adrenalin gewesen sein, die mir in diesem Moment durch die Kapillaren knallte. Als wir uns dann gegenüberstanden,

sagte ich in etwa: »*Da ist gerade etwas vorgefallen, was nicht in Ordnung war.*« Er schaute mich kurz an, legte seine Hand auf meine Schulter und antwortete einigermaßen überraschend, hier liege ein Missverständnis vor, er habe sich im Hintern geirrt, der Klaps hätte eigentlich einer Bekannten von ihm gegolten. Dann entschuldigte er sich und hielt mir dazu seine Rockerpranke hin. Ich schlug ein.

* * *

Diese Szene trug sich vor etwa fünfzehn Jahren zu. Und jeder der Beteiligten verhielt sich offensichtlich auf seine Weise völlig falsch. Wie man *heute*, vor dem Hintergrund sämtlicher Debatten rund um männliche Verhaltensweisen, in einer ähnlichen Situation als Partner einer Begrapschten reagieren würde, ist dennoch schwer vorherzusagen.

Der reinen feministischen Lehre nach wäre es natürlich die Frau selbst, die darüber entscheidet, wie ihre Reaktion auszufallen hat: eine Ohrfeige, einfaches Beschimpfen, Anzeige erstatten, zurückgrapschen. Sich als Mann da einzumischen, würde mehr noch als vor fünfzehn Jahren als paternalistischer Akt gelten. Trotzdem halte ich es nicht für ausgeschlossen, dass sich manche woke Frau den Schutz ihres Partners insgeheim wünscht. Und dass mancher Partner, egal, wie hoch das Wokeness-Level auch ist, aus einem tief liegenden, von irgendwelchen Kindergeburtstagen herrührenden Verständnis vom *Verteidigen seiner Position* – in diesem Fall die Position an der Seite seiner Freundin – gerne selbst den

Täter stellen würde. Zur Not auch mit dem altbewährten Würgegriffprogramm.

* * *

Ein guter Freund, den ich für den woksten Mann in meinem Freundeskreis halte, antwortete einmal auf die Frage, ob er Pazifist sei, mit einem klaren und zugleich geheimnisvoll ernst vorgetragenen *Nein*. Als ich ihn vor Kurzem noch einmal darauf ansprach und wissen wollte, was er damit eigentlich meine, blieb er erneut im Angedeuteten: Es gebe einfach gute Gründe für Gewalt. Zählt die begrapschte Freundin dazu?

Was auch immer in einer solchen Situation also passieren würde, es bleibt die finstere Ahnung, dass es in jedem Fall nicht schaden könnte, jeden im Raum – theoretisch – mit bloßen Händen töten zu können.

# 7

# Schwarz oder weiß

Mit zehn entdeckte ich Michael Jackson. Er begegnete mir auf dem Fernsehgerät meiner Oma. Sie hatte – anders als meine Eltern – bereits einen Kabelanschluss und damit Zugang zu einer berauschenden Menge an Sendern, darunter auch Viva und MTV. Michael sah man da durch die Musikvideos von »Black or White«, »Who Is It« oder »Jam« fegen, er trug dicke weiße Socken mit Rüschen und lederne Halbschuhe, eng sitzende Hosen, die kurz über dem Knöchel abschlossen, dazu futuristische Uniformjacken. Das dauergewellte Haar hatte er oft zu einem Zopf gebunden, manchmal trug er einen Hut, manchmal weiße Handschuhe, manchmal mehrere deutlich sichtbare Pflaster um einzelne Finger gewickelt. Wenn Michael tanzte – und er tanzte, wie ich nie zuvor einen Menschen hatte tanzen sehen –, fasste er sich ständig in den Schritt, stieß ohne Not lange laute Schreie aus, verfiel dann wieder in den typischen, hochtönigen Percussion-Gesang. Er kickte in die Luft, zerriss seine Oberhemden, rannte wie besessen über die Bühne. Und als ginge es darum, einen Kontrapunkt zu diesen Aggro-Gesten zu setzen, hauchte er seinen Fans sooft es ging ein schüchternes, fast zerbrechliches *I love you* zu.

Diese Ungewöhnlichkeiten wurden nur noch von den Erzählungen über die Jackson'sche Metamorphose überragt, von der ich auch ohne Kabelfernsehen schon gehört hatte, dass sich Michael vom schwarzen Jungen, der er ohne Zweifel gewesen war, durch Eingriffe und irgendwelche Bleichungsprozesse in *das* hatte verwandeln lassen, was ich jetzt auf dem Fernseher meiner Oma sah: eine Figur zwischen den Hautfarben, zwischen den Geschlechtern, zwischen den Altersstufen. Wie konnte ein Künstler mit all diesen Brüchen und Uneindeutigkeiten auf einen jungen Menschen eine derartige Anziehung haben? Was verhieß Jackson für einen Zehnjährigen wie mich? Und warum waren es insbesondere Jungs und junge Männer, die ihn verehrten?

Die Antwort hierauf ist nicht etwa, dass Jackson als eine Art frühzeitlicher Diversitäts-Dino mit seiner Kunst *den* emotionalen Entwicklungsraum für junge Männer bot, nach dem sich alle insgeheim gesehnt hatten und den normative Heldenfiguren bis dahin nicht hatten schaffen können. Dafür fehlte ihm die Botschaft, die kluge und ernst gemeinte Auseinandersetzung mit Fragen zu Identität und sexueller Orientierung. Selbst einem Zehnjährigen kommt es irgendwann komisch vor, dass da einer ständig gegen Diskriminierung ansingt – *it doesn't matter if you're black or white* –, sich selbst aber nie zu irgendetwas bekennt: nicht zur Hautfarbe, nicht zur Gesinnung, nicht zur eigenen Nase.

Ich glaube, für den großen Zuspruch durch junge Männer sorgte vor allem eins: dass Jackson für sich und seine Figur die Idee von Männlichkeit komplett aufgelöst hatte. Es gab da *überhaupt* kein Männlichkeitsangebot, weder ein *queeres* wie bei Bowie und Prince noch ein *traditionelles* wie bei Elvis. Stattdessen überdehnte Jackson sämtliche Männlichkeitsgesten bis zur Lächerlichkeit – der ewige Griff in den Schritt, die völlig aus dem Ruder laufenden Heldeninszenierungen – Panzer stoppen, zum Mond fliegen –, die Al-Capone-Outfits samt der Maschinengewehre, das seltsam unsexuelle Show-Kopulieren mit seiner Gitarristin auf der Bühne.

Nichts davon war an irgendeiner Stelle *relatable*. Für den männlichen Fan bedeutete genau das eine unglaubliche Entlastung. Man konnte sich als Junge mit Jackson, seinem Tanz, seinen unglaublichen Songs und seiner Show beschäftigen, ohne dabei die eigene aufkommende Sexualität mitverhandeln zu müssen. Es stellte sich einfach nicht die Frage, ob man so sein wollte wie Michael, ob man durch ihn irgendwas über sich selbst herausfinden konnte – man wollte ihn eigentlich immer nur *spielen*. In eine Welt außerhalb der Realität *moonwalken*, wie sie sich Jackson selbst geschaffen hatte, das Peter-Pan-Fan-Erlebnis für jeden Jungen oder jungen Mann, der die Konfrontation mit seiner Männlichkeit unterbewusst noch mal auf den nächsten Sommer verschieben wollte. Also schnell wieder vor den Spiegel, Tanzschritte üben. Und später auf dem Dachboden vielleicht noch nach einem alten Hut suchen.

* * *

Ob die Welt ganz ohne Männlichkeit eine bessere, eine friedlichere wäre, ist damit aber noch lange nicht beantwortet. Jacksons Sexualität jedenfalls bahnte sich eine fragwürdige Alternativroute. Glaubt man den Stimmen einiger, leider sogar eine hochkriminelle.

8

# Das falsche Jahrzehnt

Es ist 1996. Ich sitze in einem aus Holz gezimmerten Würfel, der so groß wie ein kleiner Raum ist – von außen mit silberglänzenden Paneelen beschlagen. Nach vorne hin gibt es eine Öffnung im Würfel, ein in die Vorderseite gefrästes riesiges Herz, durch das man hineinsteigen kann; im Inneren dann – dort, wo ich sitze – ist alles aus rotem Plüsch. Um mich herum räkeln sich fünf junge Frauen, die alle mit bauchfreien Tops bekleidet sind und mir mit ihren Blicken bedeuten, dass sie sich heute eventuell noch ihr erstes Mal mit mir vorstellen könnten, mindestens aber Knutschen. Eine von ihnen liegt zu meinen Füßen.

*»Jetzt pack mal richtig zu!«*, ruft eine Stimme, verstärkt von einem Megafon. Bisher hatte ich vermieden, meine Arme tatsächlich auf den nackten Schultern der Mädchen abzulegen, hatte meine Unterarme auf unnatürliche Weise nach innen geklappt, in der Anmutung vielleicht ein bisschen an ein Huhn erinnernd.

*»Greif sie dir«*, sagt die Stimme noch mal mit Nachdruck, und dann tue ich, was von mir verlangt wird. Ein bisschen unangenehm ist es schon, aber natürlich fühlen sich nackte Mädchenschultern grundsätzlich nicht schlecht an. Die Stimme aus dem Megafon scheint zufrie-

den zu sein und brüllt endlich *»Action!«*, das Musikplayback startet, und alle setzen sich in Bewegung. Ich wippe ein bisschen mit den Mädchen in meinen Armen, bevor ich anfange, meine Lippen zum Text zu bewegen. Es ist mein erster Musikvideodreh.

* * *

Mitte der Neunziger war ich dreizehn und wie jeder Mensch in diesem Alter mit den Unwegsamkeiten der Pubertät beschäftigt. Es ging da natürlich um Flecken im Gesicht, erste Partys und wer dort geknutscht, gekotzt oder geklaut hatte, um eine neue Sensibilität für soziales Standing und manchmal auch um irgendwas mit Drogen. Im Nachhinein scheint es mir aber die größte Herausforderung gewesen zu sein, den Tag mit so viel Masturbation wie möglich zu füllen und parallel dem irgendwie kräftezehrenden Gedankenspiel nachzugehen, wie es denn wäre, mal in echt mit jemandem Geschlechtsverkehr zu haben. Das wirklich Kuriose aber ist: In dieser bemerkenswerten Zeit ergab sich für mich die Möglichkeit, als eine Art Teeniestar berühmt zu werden.

* * *

Nach meinem Crush auf Michael Jackson hatte es nicht lange gedauert, bis in mir der sehr ambitionierte Wunsch gereift war, selbst ein berühmter Musiker zu sein. Es hatte dann noch die genial zugängliche Ausdrucksform *Sprechgesang* gebraucht, die ersten selbst geschriebenen Texte, einen Schlagzeuglehrer mit guten Kontakten in die Popbranche und ein Narrativ, das man den – Achtung: Neunzigerjahre-Musikbranchen-Talk – *Major Labels* sehr gut verkaufen konnte: Deutschlands jüngster Teeniestar! Schon gab es da einen flotten Pop-Rap-Song, einen Videodreh mit Plüschwürfel und unschlagbare Überschriften in meiner Pressemappe: *Aufgepasst – Hier kommt der Tausendsassa mit Knuddelfaktor 10.*

* * *

Es war die Stunde der süßen Jungs. Manche hatten sich in Boygroups organisiert, manche führten niedlich verstrubbelt durchs Musikfernsehen, andere lungerten in amerikanischen Highschool-Serien vor den Spinden irgendwelcher Mädchen herum. Der *Knuddelfaktor* war *die* harte Währung im Popuniversum der Neunziger und wurde damit auch zum Orientierungswert für alle nicht berühmten männlichen Teenager, die sich in der stilistischen Mitte der pubertierenden Gesellschaft bewegten. Süße Boys waren also, in ihrer ganzen Verkürzung, ein Symptom ihrer Zeit. Was können wir von ihnen über Männlichkeit lernen?

* * *

Wer sich einen hohen Knuddelfaktor sichern wollte, musste ein paar anatomische Besonderheiten unbedingt in sich vereinen. Für mich als designierten Knuddelboy galt dieser Kriterienkatalog natürlich auch. Große Augen, verträumter Blick: check. Eine schlanke, bloß nicht allzu austrainierte Figur, am Rande zur Schlaksigkeit, ganz ohne Körperbehaarung: auch check. Kopfhaar, das zum Durchwuscheln einlädt, im besten Falle halblang und zu einem Mittelscheitel sortierbar: noch mal check. Ich hatte es nie geplant und ein bisschen schämte ich mich auch dafür, trotzdem stand bald offiziell fest: Ich war süß.

Das Knuddel-Game beherrschte ich dann auf eine Weise intuitiv. Plötzlich fing ich an, bei jeder Gelegenheit zu erzählen, wie schüchtern ich sei, besonders beim Flirten, dass bei mir auf jeden Fall das Mädchen den ersten Schritt machen müsse. Das war gar nicht unbedingt die Wahrheit, zusammen mit der anatomischen Weichzeichnung ergab sich so aber ungefähr das Maß an Teddybären-Knuffigkeit, das man in Zukunft von mir erwartete, das in späteren *BRAVO*-Artikeln journalistisch aufgearbeitet wurde: der süße Boy beim Flirtcheck, der süße Boy beim Sternzeichencheck, der süße Boy ganz alleine im Hotelbett.

* * *

Das Foto für mein erstes Plattencover wurde in einem Stuttgarter Studio geschossen. Der Fotograf hatte kurz zuvor schon für zwei meiner absoluten Hip-Hop-Heroes gearbeitet: Freundeskreis und die Fantastischen Vier. Dass ich mich nun in diese Serie von eigenen Vorbildern einreihen würde, versetzte mich in eine M.-C.-Escher-hafte Realitätstaumelei. *Der* Typ, der meinem damaligen Kunstverständnis zufolge regelrechte Cover-Ikonen geschaffen hatte, würde nun auch für mich eine visuelle Vision entwickelt haben. Welche konnte das sein? Welches Image würde ich verkörpern? Als ich am Set erschien, konnte ich die Antwort auf diese Frage kaum erwarten.

Zuerst verpasste man mir in der Maske einen kapitalen Mittelscheitel. Das darauffolgende Styling endete für mich in blauen Baggy-Pants und einem übergroßen, bunten, fast bis zu den Knien reichenden Pullover. Derartig schlumpfhaft wäre ich von alleine nie auf die Straße gegangen, ich spürte aber den künstlerischen Approach bei der Sache und machte die Maskerade mit jugendlicher Arglosigkeit einfach mit.

Für das eigentliche Shooting platzierte man mich dann inmitten eines Spiegelkabinetts, das vor der Studiohohlkehle aufgebaut worden war. In meiner ganzen Buntheit ergab sich so durch die Spiegelungen der Spiegelungen der Eindruck eines menschlichen Kaleidoskops. War das etwa mein Euphemismus? Ich – die bunte, unendliche Vielseitigkeit? Ich fühlte es nicht unbedingt. Dann wurde fotografiert: *»Arme mal zum Gesicht, Stirn locker lassen, und jetzt mal verträumt in die Kamera, Kinn hoch, ja, das ist gut.«*

An die Stimmung am Set erinnere ich mich noch sehr genau. Draußen war es dunkel geworden, die Studioumgebung – Assistenten, Visagisten, Manager und Plattenfirmenleute – verschwamm immer mehr um mich und die klickende Kamera herum, und ich spürte, dass wir dem alles entscheidenden Schuss immer näher kamen, und gleichzeitig spürte ich es nicht.

Nach dem Shooting schaute man gemeinsam auf die Ergebnisse. Ein Bild war dem Fotografen und auch den Leuten von der Plattenfirma besonders aufgefallen. Neben diesem Bild prangten auf dem ausgedruckten Fotobogen mehrere Edding-Kreuze als Zeichen seiner Ausgewähltheit. Es zeigte mich am Boden hockend, die Hände wie zum Gebet zusammengepresst, das Gesicht eher blass, die Augen riesig und die Lippen außergewöhnlich voll. Es ließ sich nicht verleugnen, es war eindeutig: Ich sah aus wie Michel Jackson.

Es folgten – soweit es die Schule zuließ – Fernsehauftritte, Konzerte, weitere Fotoshootings, Interviews, Wochen im Studio, Meetings mit der Plattenfirma, Signierstunden, noch mehr Fernsehauftritte. Ich erzählte allen, wie schüchtern ich sei, spürte meinem sweeten Pop-Alter-Ego vor allen Kameraobjektiven des Landes nach und verliebte mich in jeden Fan mit bauchfreiem Top.

* * *

Während ich als süßer Boy auf diese Weise einigermaßen erfolgreich durchs Land streifte, schritt natürlich auch die Pubertät alle Entwicklungsregister ziehend voran. Es lag demnach völlig im Plan, dass sich kurz vor der Veröffentlichung meiner zweiten Single der Ansatz eines Bartes über meiner Oberlippe abzeichnete. Für mich war das ein sehr gutes Signal. Die grundsätzliche Abwesenheit von Körperbehaarung im Vergleich zu anderen Jungs, bei denen dieser Prozess schon etwas weiter vorangeschritten war, hatte mir in mancher Umkleidekabine neidvolle Blicke ins Knuddelgesicht gefräst. Ich erinnere mich sehr gut, dass insbesondere der schmale, feine Haarstreifen, der bei einigen meiner Freunde vom Intimbereich bis zum Bauchnabel reichte, eine besondere Anziehung auf mich hatte, nicht in einem sexuellen Sinne, sondern als simpler Wunsch für meinen eigenen Körper. Wer auf einen solchen Streifen hinunterschauen konnte, würde im nächsten Moment mit Mädchen schlafen – diese Kausalität stand mir klar vor Augen. Dass es bei mir jetzt erst mal im Gesicht losging, war kein Problem, andere Bodyparts würden folgen.

Ich empfand also einen regelrechten Stolz dieser feinen Linie Haar gegenüber. Was ich nicht ahnte: Oberlippenbärte hatten in der Knuddelboy-Job-Description nichts zu suchen. Deutlich wurde das, als man mir während der Vorbereitungen zu meinem zweiten Musikvideodreh in der Maske mit einem Nassrasierer auflauerte. Nur: Niemand hatte mit meinem Willen zum Behaartsein gerechnet. Ich stoppte die Visagistin in ihrem Vorhaben, und auch im anschließenden Krisengespräch, an dem mein Management, die Leute von der Plattenfirma, der Fotograf und verschiedene Stylisten teilnahmen, konnte man mich nicht umstimmen: Ich würde *mit* diesem Bart im Video zu sehen sein oder gar nicht. Am Ende drehten wir. Mit mir. Und mit meinem Oberlippenbart.

Es schien sich hier aus der plüschwürfelhaften Lebensrealität meines Pop-Alter-Egos heraus auf natürliche Weise der Wunsch nach etwas mehr Männlichkeit Bahn gebrochen zu haben. Ein bisschen Rauheit im ansonsten allzu glatt Gezogenen.

* * *

Für welche Art von Männlichkeit stand er nun, der gemeine süße Boy? Machte ihn das Sanfte, das Schöne, das Verletzliche, das er verkörperte und für das er von Tausenden Fans geliebt wurde, zum sehr jungen Vorreiter des modernen, weniger toxischen Mannes? War er eine Art männlicher, feministischer Prototyp?

Man muss nicht lange nachdenken, um hier mit einem klaren *Nein* zu antworten. Im Grunde ging es dem Business hinter den süßen Boys natürlich ausschließlich um das äußerst patriarchale Prinzip: junge Mädchen emotional abhängig zu machen. Hier war nicht wirklich eine künstlerische Ambition zwischengeschaltet, wie man es etwa von den Crowd-Pleasern der Sechziger kannte – den Beatles, den Stones oder den Doors. Jedes Sixpack, jede hochgezogene Augenbraue, jeder anzügliche Hüftschwung, jedes kurz angestimmte A-Cappella-Stück, jeder gebleachte Zahn, jede Schilderung von der eigenen Schüchternheit – alles hatte zum Ziel, junge Mädchen mindestens zum Kauf einer Platte zu bewegen und sie in großer Schar vor sämtliche Bühnen zu treiben – manchmal sogar in einen Plüschwürfel. Der Ansatz, *Mädchen* als homogene Masse mit kollektiven Verhaltensmustern zu behandeln, hatte nun wirklich nichts Feministisches oder Antitoxisches.

* * *

Der süße Boy der Neunziger war eine Illusion und kein echtes Männerbild.

* * *

Aber sein Fall ist noch komplexer, noch ambivalenter, noch vielschichtiger. Am Beispiel des süßen Boys lässt sich nämlich auch zeigen, wie wenig progressiv man selbst im vermeintlich bunten Spaßjahrzehnt auf alternative Männerbilder blickte: Große Teile der Gesellschaft hielten den süßen Boy schlicht für schwul. Egal, ob es um Caught in the Act, die Backstreet Boys oder Worlds Apart ging – wer mit offenem Hemd durch ein regenreiches Video tanzte, konnte in den Augen des Analogtrolls – einem Vorgänger des heutigen Internettrolls, der seine kruden Analysen tatsächlich noch laut aussprechen musste – nur homosexuell sein. Sanftheit, Schönheit, Verletzlichkeit – das waren klare Indizien für Männer, die Männer lieben. Im absurden Glauben, diese Zuschreibung habe etwas Abwertendes, ließ sich für den Analogtroll gleichzeitig sämtliche Wut über den gigantischen weiblichen Zuspruch, den die Knuddelboys genossen, abgelten. Derartige Schmähungen stammten aber nicht aus irgendwelchen Rapmusikkreisen, wo Homophobie schon immer entlang eines fragwürdigen Kunstbegriffs verhandelt wurde – wenn man sich mit maximaler Ehrlichkeit erinnert, steckte in jedem von uns Mitte der Neunziger ein bisschen was von diesem Analogtroll.

Troll-Support gab es von prominenter Seite, allen voran vom One-Trick-Pony Stefan Raab, der seine Homo-Gag-Schablone über einfach jeden Sachverhalt legen konnte: Zwei junge Männer leben gemeinsam in einer Wohnung – schwul; ein junger Mann hatte noch nie eine Freundin – ganz klar: schwul; ein junger Mann singt mit außergewöhnlich hoher Stimme – schwul. Unangenehmer wurde es nur noch, wenn man das Schwulsein gleichsetzte mit einer Neigung zum Übergriff. Als ich einmal während einer Promotour mit dem offensichtlich schwulen Künstlerbetreuer meiner Plattenfirma ein Hotelbett teilen musste, fragte ich mich ernsthaft, ob das denn gut gehen könne, ob ich mir da vor dem Schlafengehen nicht besser einen stumpfen, schweren Gegenstand auf den Nachtschrank legen sollte. Das war 1997.

* * *

Die crazy Neunziger waren also – mit Blick auf den süßen Boy und den Umgang mit alternativen Männerbildern und Homosexualität – eher eine außen neongelbe, innen leicht faulige, schizophrene Mogelpackung. Die allgegenwärtige Buntheit entsprach mitnichten einem allgegenwärtigen bunten Denken. Und offensichtlich ist vieles von dem, was damals gesellschaftlich grassierte, prägend gewesen für die Schieflagen, mit denen wir heute noch zu kämpfen haben. Die Frage, die man trotzdem stellen kann: Hat der süße Boy heute eine zweite Chance verdient? Wäre jetzt vielleicht die ideale Zeit für ein Comeback? Würde er es diesmal ernst meinen?

* * *

1998 endete für mich jedenfalls die Zeit als Teeniestar in dieser kuriosen Dekade. Ich musste mich langsam auf die Oberstufe vorbereiten. Bereut habe ich nichts.

9

# Der Homeoffice-Dad

Wenn ich an meinen Vater als Figur denke, dann sehe ich ihn in seinem Trenchcoat bei Dunkelheit an einem Bahnsteig stehen. In seiner Hand eine lederne Aktentasche, Anzug, Fliege, Budapester, Schnauzbart, kapitaler Bauch. Jahrelang ist er in diesem Outfit mit dem ICE in die nächste Metropole, nach Frankfurt, gependelt, um dort seinem Journalistenjob nachzugehen. Er ging früh am Morgen und kam oft spät nach Hause, manchmal war es schon Nacht, wenn er mit müdem Lächeln und langsamen Schritten in der Küche auftauchte, um noch einen lauwarmen Teller Spaghetti bolognese oder ein paar Frikadellen oder was auch immer wir mittags übrig gelassen hatten, zu essen. Uns Kindern war nie so richtig klar, was er genau in Frankfurt machte, außer dass er bei einer Zeitung arbeitete und dass er Konferenzen hatte und gelegentlich selbst schrieb. Es fügte sich alles zum diffusen Bild eines Business-Dads zusammen, der aus dieser hochhausumrankten Stadt zurückkehrte, als wäre er tagsüber in einer anderen Welt unterwegs gewesen, der manchmal irgendwelche Geschenke mitbrachte, die er in den schicken Geschäften rund um die Frankfurter Zeil in den Mittagspausen besorgt hatte. Auch seine Klamotten kaufte er oft in Frankfurt, beim englischen Herrenausstatter. Mein

Vater erfüllte auf derartig illustrative Weise die Rolle des klassischen Business-Dads, dass es sich immer ein bisschen so anfühlte, als wäre man Teil einer amerikanischen Weihnachtsgeschichte aus den Fünfzigern oder eines Werbespots von McDonald's: *Kommt Papa noch? Hmm, sieht nicht so aus. Doch, da ist er ja, und er hat Burger mitgebracht!*

Das Mysteriöse seines Berufslebens, das Uneinsehbare, das Abwesende, empfand ich nicht unbedingt als Makel. Es machte ihn für mich eher zu einer starken, nicht angreifbaren Figur. Man sah ihn oft schick angezogen, er regelte da draußen irgendwelche Sachen, und dass er erschöpft zurückkam, war nur ein Spiegel dessen, was er geleistet hatte. Ich glaube, dass es einem Kind nicht unbedingt schwerfällt, mit plakativen, stilisierten Rollen umzugehen. Für ein Kind war Business-Dad keine schlechte Lösung, solange sich an den Wochenenden und in den Sommerferien Möglichkeiten boten, mit ihm Zeit zu verbringen - Tennis, Musik, Hallenbad, diese Dinge.

* * *

In den letzten Jahren hat sich nun - abseits der Debatten rund um Geschlechterrollen und der Frage, wie sich Frau und Mann das Management der Familie zukünftig aufteilen, und abseits des Fakts, dass es natürlich darum gehen muss, Gleichberechtigung bei der Umsetzung beruflicher Ziele herzustellen und dem Mann gleichzeitig gesellschaftlich die Chance einzuräumen, eine intensive Zeit mit seinen Kindern zu verbringen - ein neuer Vatertypus aus dem Zeitgeist herausgeschält, der dort zum Einsatz kommt, wo Väter noch immer viel Zeit mit Arbeit verbringen: Homeoffice-Dad.

Dieses Brückenmodell zwischen dem Progressive-Dad, der in Teilzeit arbeitet oder ganz zu Hause bleibt und dem Achtzigerjahre-Business-Dad bietet eine entscheidende Neuerung: dass hier die Abwesenheit des arbeitenden Vaters auf eine Weise aufgelöst wird, der Vater sich nicht durch eine regelrechte tägliche Reise vom Familienalltag demonstrativ abnabeln muss und nie so ganz dem Geruch des Windeleimers entkommt. Auch wenn es im engen Verständnis einer notwendigen Überholung traditioneller Geschlechterrollen noch nicht die Spitze aller feministischer Fantasien ist: Mit dem Homeoffice-Dad wird einiges einfacher und schöner – für die andere an der Erziehung beteiligte Person, für das Kind und natürlich auch für den Vater selbst.

Vor Kurzem allerdings las ich, dass durch das vermehrte Arbeiten im Homeoffice für viele Kinder eine Art Entzauberung der Vaterfigur stattgefunden habe. Also keine Anzüge, kein Trenchcoat, keine Fahrten in die große Stadt. Dafür Jogginghose und die Einsicht, dass Papa nicht jeden Tag irgendein gigantisches Problem in Heldenpose löst, sondern lange und etwas genervt einfach nur vor seinem Rechner sitzt und tippt.

* * *

Meine Kinder werden voraussichtlich nur noch Homeoffice-Dad kennenlernen. Das Ziel muss jetzt ganz klar sein, ein Held in Trainingshose zu werden.

10

# Männer müssen raus

Zwei Jahre vor dem Abitur schien es mir eine unhaltbare Situation zu sein, immer noch zu Hause zu wohnen.

Sicher hatte ich es gut gehabt die letzten achtzehn Jahre. Meine Eltern waren eine Idealbesetzung gewesen, nie hatten sie sich zu viel in mein Leben eingemischt und erst recht nicht zu wenig. Ich hatte sie sehr lieb, wie ich auch meine Schwester lieb hatte, und sogar unserem Dackel gegenüber empfand ich ähnlich. Es hatte sich aber auch seit ein paar Jahren der Gedanke in mir verfestigt, dass eine Version meiner selbst, die durch die Pubertät hindurch visionär gereift war und jetzt so schnell wie möglich Wirklichkeit werden wollte, von einer Reihe äußerer Faktoren abhängen würde. Es schien mir schlicht nicht möglich, die nötigen Schritte hin zum erwachsenen Mann über das elterliche Parkett zu machen. Wie sollte ich mich in Männerdingen üben, wenn am Ende eines jeden Tages doch wieder der Gang ins Kinderzimmer anstand? Wie einer jungen Frau das anbieten, was sie von einem jungen Mann erwartete, wenn sich drei Zimmer weiter meine Mutter die Zähne putzte? Zwei Jahre würde es noch dauern, bis dieses Dilemma zur Auflösung gebracht werden konnte. Der Hormonspiegel drückte.

Dann kam der Sommer. Und mit ihm eine rettende Idee. Ich hatte zusammen mit meinem Freund Christoph beschlossen, zwei Wochen der Sommerferien auf einer dänischen Insel zu verbringen. Christophs weißer Golf 2 würde uns dorthin bringen, ein Roadtrip, wie er im Coming-of-Age-Buche steht. Christoph besaß außerdem ein großes Zelt, Bambusfackeln, eine Gitarre und diesen kleinen Holzkohlegrill, den jeder besaß. Schon beim Betrachten dieser Requisitenliste dämmerte uns, dass es hier nicht um einen Sommerurlaub ging, sondern um eine Reise, die uns verändert zurückkehren lassen würde, eine Reise mit Bedeutung. Als wir dann an einem Morgen im Juli um sechs in der Frühe auf die Autobahn Richtung Norden fuhren und Christoph das Radio einschaltete, bekam ich eine Gänsehaut.

Man kennt diese alten, wiederkehrenden Erzählungen, von der abenteuerlichen Reise durch die Natur, über die man der eigenen Männlichkeit näherkommt, als junger Mensch vielleicht sogar eine regelrechte Mannwerdung erfährt. Natürlich ist da der Campingurlaub auf einer Nordseeinsel nicht unbedingt die größte denkbare Herausforderung. Schon gar nicht, wenn es sich dabei um Römö handelt – die erste dänische Insel hinter der Grenze zu Deutschland, direkt über Sylt, easy über den Damm mit dem Auto zu erreichen, Stellplatz mit Stromanschluss, tolle Bäckerei keinen Kilometer vom Strand entfernt. Trotzdem packte mich die Romantik des schlichten Gedankens, zusammen mit einem guten Freund unter quasi freiem Himmel zu schlafen und dabei etwas über das Leben und mich herauszufinden, abseits des Kinderzimmers ein paar gute Steaks zu braten, Lösungen zu finden, sollte es ins Zelt regnen. Und das, obwohl ich nie der größte Unterstützer irgendwelcher Outdooraktivitäten gewesen war. Ich reiste immerhin mit einer Harald-Schmidt-Biografie unter dem Arm und war durch entsprechende Fanschaft geeicht auf die zynische Betrachtung von allem, auf das man den Schriftzug von Jack Wolfskin gedruckt hatte. Unser *Männerurlaub* nun – so musste man eine solche Unternehmung schon bezeichnen – triggerte etwas in mir, gegen das auch der Schmidt'sche Spott nicht ankam.

* * *

Der ganz junge, urbane Mann würde heute eine solche initiale Reise wahrscheinlich nicht mehr so fühlen, wie wir sie gefühlt haben, vielleicht würde er sie in dieser Form gar nicht erst antreten. Auch davon zu erzählen, birgt die Gefahr, in gesellschaftliche Schlaglöcher zu tapsen. Viele Motive, die für Christoph und mich jene sogenannte Männerromantik ausmachten, sind mittlerweile gesellschaftspolitisch vertaggt, zumindest in den ganz progressiven oder sehr jungen Umfeldern der großen Städte.

Zum Beispiel das Motiv der Abgeschiedenheit. Die Idee, dass die reine, wahrhaftige Männlichkeit erst in der Abwesenheit von Gesellschaft erfahrbar wird, stammt aus einer lange vergangenen Zeit, in der der Männlichkeitsbegriff klarer umrissen war, als sich der Mann lieber nicht mit allzu viel Gerede aufhielt, die Dinge, die getan werden mussten, einfach erledigte und das vor niemandem zu rechtfertigen hatte; typmäßig irgendwo zwischen John Rambo und Rüdiger Nehberg angesiedelt. Diese

*Lonesome Rangers, Loneley Wolves, Outlaws* wurden deshalb auch zu wichtigen Figuren der Werbeindustrie, wenn es um das Verkaufen besonders männlicher Inhalte ging, etwa Zigaretten oder Bier oder BiFis.

Heute will diese Erzählung nicht mehr ganz in unsere Gegenwart passen und findet dort deshalb immer seltener statt. Jetzt, wo der Männlichkeit die Eindeutigkeit fehlt, ist es der viel herausforderndere, existenziellere Akt, individuelles Mannsein mitten in der Gesellschaft zu leben und zu verteidigen. Das Bedrohliche ist dann nicht mehr irgendein wildes Tier, das nachts an der Zeltplane nagt, sondern der Twittertroll vom AfD-Account nebenan. Mit der angeboomerten Polemik eines Harald Martenstein könnte man da fragen: »Gilt denn jetzt schon der Zelttrip von zwei weißen, jungen, heterosexuellen Cis-Männern als zu wenig divers? Grenzt diese Reise marginalisierte Gruppen aus?« Die Antwort könnte sich Martenstein selbst geben: Natürlich nicht! Auch weiterhin darf in jeder Konstellation jede Art von Reise angetreten werden. Natürlich kann ich gut gelaunt auf jede einzelne gegrillte Chorizo zurückblicken, auf die Abende vor dem Zelt mit betauten Bierdosen in der Hand. Was sich aber ändern wird, ist die Art und Weise, wie wir in Zukunft männliche Sehnsüchte inszenieren müssen – in der Literatur, im Film, in der Werbung.

* * *

Aber – und das ist eben auch eine wichtige Erkenntnis: Für viele funktionieren die klassischen männlichen Eskapismusmodelle aktuell noch immer ganz gut. Vor

Kurzem erzählte mir ein Freund von einer Reise, die er mit seinem Vater unternommen hatte. Sie waren mit dem Kanu durch einen wilden Inselarchipel in der Nähe von Stockholm gepaddelt und hatten sich jeden Tag aufs Neue überlegen müssen, auf welchem Eiland sie ihr Lager errichten würden. Man habe nicht viel geredet, sich aber besser verstanden als je zuvor. Andere Menschen habe man nicht gesehen.

Auch auf Instagram begegnet mir der *Lonesome Ranger* regelmäßig dann, wenn mir der Algorithmus eines der vielen Outdoor-Koch-Tutorials in den Feed spielt. Sie zeigen Männer, die oft mit einem einzigen hackebeilartigen Messer ein Essen zubereiten, meist geht es dabei um ein riesiges Stück Fleisch, das sie mit der mächtigen Klinge scheinbar gerade erst aus einem dampfenden Tierkörper herausgeschnitten haben. Das Ganze wird anschließend in einer gusseisernen, verbeulten Pfanne über offenem Feuer gegart und schließlich von ausnahmslos vollbärtigen Akteuren mit bloßen Händen gegessen. Manchmal schauen Hunde zu. Manchmal fängt es an zu regnen. Darunter: Likes in Tausenderhöhe.

* * *

Egal, wie sehr sich Narrative auch verändern, ob sie parallel existieren oder irgendwann zu etwas völlig Neuem verschmelzen – Römö bleibt.

Ich denke daran, wie wir bei heftigem Wind das Zelt aufrichten und es uns fast wie ein Heißluftballon davonfliegt. Wie wir abends am Strand an den anderen Campern vorbeiflanieren und behaupten, wir wären zwei verletzte Surfer, die für einige Tage nicht aufs Board könnten. Wie warm die Nächte sind, wenn es windstill ist. Wie Christoph Gitarre spielt. Wie wir stundenlang unter der Dusche stehen und kein Wort sagen. Wie wir uns die Gesichter in der Nordseesonne an nur einem Nachmittag völlig verbrennen. Wie wir daliegen und völlig gegensätzliche Bücher lesen. Wie wir die Italiener kennenlernen. Und die Flensburger. Und dann die dänischen Mädchen. Und wie ich einem von ihnen den Mars zeige.

11

# Sex Sex Sex

Porno begleitete mich durch meine ganze Jugend. Was bei mir und vielen anderen mit dem Otto-Katalog begonnen hatte, war kurze Zeit später schon in echtes Junkie-Verhalten übergegangen: Wo ließen sich auf welche Weise noch so kleine Stücke Kopulationsanschauung auftreiben und ungestört konsumieren?

Anfangs halfen Ausschnitte aus irgendwelchen unter Freunden gehandelten Sexheftchen, die sich mit der Zeit ansammelten und die ich wie an mich selbst adressierte Kassiber vor dem Rest der Familie verbarg. Ich vermute, dass heute noch einige dieser Schätze hinter Regalrückwänden und Bucheinbänden versteckt sind und darauf warten, irgendwann von einem anderen Teenager gefunden zu werden.

Etwas später waren es die nächtlichen Softpornos auf den Privatsendern, die zwar nie ein anderes Geschlechtsmerkmal außer der weiblichen Brust zeigten, für meine noch unabgenutzte, relativ junge Pornoseele dennoch ausreichend Stimulation boten. Als Teeniestar hatte ich manchmal sogar die Gelegenheit, echtes Hardcore-Material auf den Pay-TV-Sendern der Hotels zu sehen. Das toppte alles. Sorgenfreier konnte man in meinem damaligen Alter nicht masturbieren.

Ende der Neunziger kam dann noch das Internet als Pornoquelle dazu und drückte erste Bildstrecken mühevoll durchs 56k-Modem. Dass es einmal der wichtigste Verbreitungskanal für Pornografie werden würde, spürte man irgendwie schon.

* * *

Verglichen mit anderen Leidenschaften, die eine derartige Wichtigkeit in meinem jugendlichen Alltag hatten – Freunde, die NBA, Liam Gallagher, McDonald's –, bestand zum Porno ein seltsam dissoziatives Verhältnis. Der Porno gab mir mechanisch das, was mein Teenagerkörper verlangte, ansonsten war da zwischen uns: gar nichts. Auch mit anderen sprach ich nicht über Pornos, zumindest ging es nie über den üblichen Blasen-Bumsen-Titten-Talk unter johlenden jungen Männern hinaus. Man betrieb da in absoluter Stillarbeit seine ganze Jugend hindurch etwas, zu dem es keine intellektuelle Auseinandersetzung oder emotionale Ebene gab. Wenn man nicht gerade einer dieser Sex-Nerds war, die mit gefälschtem Altersnachweis auf Erotikmessen für ein Autogramm von Vivian Schmitt anstanden, verhandelte man Porno nur mit sich allein, Zeugen gab es nicht. Pornos zu schauen, war quasi ein systematischer sexueller Übergriff auf sich selbst. Was machte das mit einem jungen Mann?

Völlig stumpf stand man der Sache natürlich auch nicht gegenüber. Pornokonsum fühlte sich für mich schon auf eine Weise illegal an. Nicht so, wie er sich in katholischen Haushalten der Fünfzigerjahre illegal angefühlt haben muss; ich fürchtete nicht die Konsequenzen Gottes nach einem Abend mit *Rocco fickt Rio,* ich hatte keine Angst vor Erblindung. Das Gefühl war auch weniger, selbst das Falsche zu tun, eher, die falsche Sache zu bezeugen. Eine Frau, die von acht Männern beschlafen wurde und am Ende das Sperma jedes einzelnen Gespielen schluckte - das blieb einfach eine grundsätzlich unseriöse Aktion. Selbstverständlich lag darin aber auch der Reiz des Ganzen.

Hier schloss sich dann eine Art moralische Sicht darauf an - ich hielt es mit der gebräuchlichsten Formel: Pornos erzählen nicht die Wirklichkeit, sondern eine männliche Fantasie. Niemals würde man im echten Leben eine Frau dazu bringen wollen, High Heels aus Plexiglas im Bett zu tragen und nach dreißigminütiger Fellatio auf dem Boden liegend das Ejakulat mit dem Mund aufzufangen. Wer reif genug ist, versteht das.

Ich empfand mich als sehr reif. Also: *Press play!*

* * *

Bis heute ist nicht endgültig geklärt, *ob und wie* dieser massive Pornokonsum die männliche Sexualität beeinflusst. Studien dazu drehen sich im Kreis, die Tendenz aber geht in Richtung: *ja und schlecht.* Es erleichtert den eigenen Erkenntnisgewinn nicht, dass der Porno viele Männer bis ins hohe Erwachsenenalter verfolgt und auch vor Frauen keinen Halt macht. Die Frage, die man eigentlich zuallererst beantworten müsste, lautet: Sollten wir grundsätzlich aufhören, Männer wie Frauen, Pornos zu gucken? Den Porno verbieten? Um die Darsteller zu schützen. Um die männliche Sexualität zu schützen. Und die der Frauen. In *mittelwoken* bis *superwoken* Umfeldern setzt hier unmittelbar eine kollektive kognitive Dissonanz ein: Mit dem feministischen Grundrauschen, das unter den meisten gesellschaftlichen Betrachtungen liegt, kann man erst mal nur zu dem Schluss kommen, dass Pornografie in ihrer bisherigen Form nicht mehr zu empfehlen ist. So lange – und das ist natürlich nur eine Vermutung –, bis man plötzlich wieder ganz allein ist: mit *Pornhub* und dem Play Button.

Die Lösung kann also nur sein, den Porno aus der Stillarbeit herauszuholen. Darüber zu reden. Das Tabu aufzulösen. Sich auch als Nichtsexologe zu fragen, warum die männliche Fantasie eigentlich in der sexuellen Unterdrückung der Frau besteht. Zu verstehen, warum einige emanzipierte Frauen genau diese Art von Porno selbst gerne sehen. Wieder Herr über die eigene Masturbation zu werden. Und Pornografie so offen zu verhandeln, wie wir es mit anderen Themen auch tun.

* * *

Der Porno wird nicht verschwinden, aber er kann vielleicht zu etwas Besserem werden.

12

# Sag mir, was du liest

2002 machte ich Abitur. Zu diesem Zeitpunkt las ich ausschließlich Bücher, die von Männern geschrieben worden waren und die weitestgehend von den Schicksalen irgendwelcher Männer erzählten. Natürlich alles *straight outta Heteronormativität.* Viele dieser Bücher las ich, weil sie zum Literaturkanon gehörten und deshalb ein gewisser Zwang bestand, sie für den Deutsch-Leistungskurs zu durchdringen.

Ich beschäftigte mich also einfühlend mit den suizidalen Gedankenschleifen eines jungen Werther. Walter Faber folgte ich blindlings in den Inzest, Narziß und Goldmund in die Homoerotik. Bei Hans Bärlach überraschte mich der letztendliche Scharfsinn. Und als ich zur Abwechslung mal eine Frau, die kränkliche Effi, durch ihren Hospitalismus begleitete, bestimmten hier am Ende auch die Männer das Geschehen, behielten sprichwörtlich das letzte Wort – ein weites Männerfeld eben.

Dass wir in zwei Jahren Oberstufe so gut wie nie über das Innenleben der Frau gesprochen hatten und die verhandelten Themen wie ein Irisch-Moos-Aerosol schwer im Raum hingen, fiel weder mir noch den Frauen im Kurs und schon gar nicht unserem Lehrer Herrn Schneider auf, dem generell wenig auffiel, was nicht auf seinen vergilbten Zettel-Lappen mit den Master-Interpretationen stand.

* * *

Auch mein privater Literaturkonsum änderte nichts an dieser unmöglichen Frauenquote. Auf meinem Nachtschrank – ein regelrechter Auflauf männlicher Popliteraten: Benjamin Lebert mit dem ungestümen *Crazy*, Florian Illies mit dem niedlich wahrhaftigen *Generation Golf*, Benjamin von Stuckrad-Barre mit dem exzentrischen *Soloalbum*, das fatale *Faserland* von Christian Kracht und – der einzige übersetzte Titel in dieser Runde – Bret Easton Ellis mit *Unter Null*, dem abgründigen *Unter Null*.

Was sich heute liest wie das Buchmessen-Lineup auf einem weit entfernten Männerplaneten, stand vor zwanzig Jahren für äußerste Progressivität. Popliteratur war *die* Gattung des Moments, und alles, was sie trieb, befriedigte meine künstlerischen Sehnsüchte: das Auflösen der Form, die Aktualität der Sprache, die zugänglichen Lebenswelten, das Banale, der Rausch, die Marken, der Sex.

* * *

Die Werke von Stuckrad-Barre und den anderen zu lesen, führte dabei selbstverständlich nicht direkt in irgendeinen Lebensentwurf. Ich fing nicht augenblicklich an, Kette zu rauchen und nachts in der Berliner Paris Bar Artikel für ein Musikmagazin zu schreiben. Ich hatte nicht vor, eine Beziehung zu beenden, um wochenlang Charles-Bukowski-haft darunter zu leiden und erst sehr spät zu verstehen, dass kapriziöse One-Night-Stands mit Drogenabhängigen das Leid nur vermehrten. Ich hörte nicht von morgens bis abends irgendein neues Album von Oasis.

Die Lektüre dieser Stoffe hatte für mich eher einen affirmativen Effekt. Nick Hornby, der große weiße Mann der internationalen soften Popliteratur, schrieb mal in einer phänomenologischen Betrachtung seiner Lieblingssongs, dass man die eigene Persönlichkeit in einem Lied wiederfinden könne, dass zwischen Mensch und Komposition manchmal tatsächlich eine Wesensverwandtschaft erkennbar sei. Gleiches gilt auch für Bücher: Ich fühlte mich wesensverwandt mit den Texten von Kracht, von Stuckrad-Barre und Easton Ellis. Nicht unbedingt mit ihren Protagonisten und noch weniger mit ihnen, den Autoren, selbst – allein mit dem Werk, mit seinen Sätzen, seinem Selbstverständnis, dem Cover. Popliteratur war für mich eine Einlösung, die intellektuelle Flanke von etwas, das sowieso schon auf dem Weg war. *Give me, give me – pronto – Amaretto.*

* * *

Im Mai 2002 standen die Abiturprüfungen an. Ich war in den letzten Jahren von einem sehr guten Schüler zu einem unberechenbaren Schüler mutiert. Wenn ich mich überwinden konnte, prüfungsrelevante Bücher zu lesen und durch selbst erstellte Hausaufgaben eine gewisse Themennähe aufzubauen, gab es eine echte Chance auf gute Noten. Blieb diese Vorbereitung aus, konnten Prüfungsergebnisse auch schon mal in erniedrigende Tiefen rauschen. Für die schriftliche Prüfung im Deutsch-Leistungskurs fühlte ich mich allerdings gut gerüstet. Und tatsächlich wurde abgefragt, womit ich gerechnet hatte: *Homo faber und die Rolle der Frau*. Bevor ich ansetzte, um mit frisch befülltem Lamy die linierten Seiten vollzuschreiben, hielt ich kurz inne. Ein Gedanke stand mir plötzlich klar vor Augen: Diese Arbeit könnte mein Meisterwerk werden, ich hatte an vielen Stellen versucht, Popliteratur und Schule zu verbinden, jetzt, wo es drauf ankam, würde es gelingen. Normale Arbeiten sollten die anderen schreiben, dieser Text würde auf dem Niveau meiner schriftstellerischen Vorbilder rangieren. Dann fing ich an.

Als ich Wochen später die Ergebnisse der Prüfungen mitgeteilt bekam, war ich fassungslos: Meine Ausführungen wurden *negativ* bewertet. Nicht mittelgut oder gerade noch positiv – negativ! Nur mit einiger Anstrengung gelang mir trotz dieses Ausrutschers am Ende ein passables Abitur. Als ich weitere Wochen später die Begründung für die Beurteilung im Sekretariat meiner Schule einsehen konnte, stand dort in fast lustvoll geschwungener roter Lehrer-Handschrift unter meinem Text:

*Zynisch, oberflächlich, frauenfeindlich.*

Bei allen Problemen, die so eine Bewertung nach sich zieht, machte mich etwas an diesem Feedback stolz. Es erschloss sich mir zwar nicht, warum mein Text das Attribut *frauenfeindlich* verdiente – ich hatte gut gelaunt über das Fortschreiten des Feminismus schwadroniert, von cabriofahrenden Frauen geschwärmt und über weibliche Rekruten in der Bundeswehr berichtet. Letztendlich schmeichelte mir aber auch diese Unterstellung auf eine Weise, denn in der Gesamtheit der drei Zuschreibungen hätte es sich hier genauso gut um die Rezension eines initialen popliterarischen Großwerks handeln können. Eine Adelung.

* * *

Die Frage, die mir damals nicht einfiel, stellt sich heute umso mehr: Wie toxisch war die Männlichkeit wirklich, die die Popliteratur kultivierte und mit der ich mich offensichtlich während meiner Abschlussprüfung gemeinmachte?

In einigen Ecken des Feuilletons herrscht diesbezüglich harte Cancel-Atmo: Popliteratur sei nicht nur tot – sie sei schon immer zu weiß und zu männlich gewesen und gehöre deshalb zu Recht geschmäht. Für mich als Lifetime-Supporter ein hartes Urteil. Trotzdem stimmt es natürlich, dass sich Kracht und die anderen als hermetischer Heteromännerclub gebärdeten, einem kollektiven Narzissmus folgend ihre Subjekte zwar ins Straucheln brachten, das Leiden aber stets als irgendwie kokette Pose in einem System stattfinden ließen, in dem einem gebildeten, stilvoll gekleideten Heteromann aus gutem Hause nie etwas ganz Schlimmes geschehen konnte. Zur Not half immer auch der schneidende Sarkasmus, der zur Grundausstattung eines ordentlichen Pop-Protagonisten gehörte. Und ja – Frauen traten nur am Rande dieses hedonistischen Ego-Geballers in Erscheinung.

Und auch wenn es nicht zum Wesen der Popliteratur gehörte, explizit sexistische Inhalte zu produzieren – der Weg vom männlichen Narzissmus hin zum gemeinen Sexismus ist noch nie der weiteste gewesen.

Aber: Die Entschuldigungskeule schwingt auch hier. Denn auch für die Popliteratur muss gelten, sie vor dem Hintergrund ihrer Zeit zu beurteilen. Das wäre: *fair enough.*

***

Kann es ein Revival geben? Eine Weiterentwicklung?

Aufschluss darüber gibt vielleicht der Blick auf den schillerndsten aller Popliteraten, Benjamin von Stuckrad-Barre. Früher, zur Hochzeit seines Schaffens und damit vor dem großen Absturz, suchte er stets die Nähe großer Männer: Harald Schmidt, Thomas Gottschalk, Helmut Dietl, Udo Lindenberg. Ein klar abgestecktes weißes Masku-Feld der Exzellenz. Hier konnte er sich als Koordinate maximal sicher bewegen. Und natürlich floss der Male-Vibe dieser Großmeister ein in sein eigenes Werk. Frauen fanden da wirklich nicht statt.

Zwanzig Jahre und eine romanwürdige Lebenskrise später sieht das alles ein bisschen anders aus. Es scheint, als hätte Stuckrad-Barre einen großen Teil seines früheren Selbstverständnisses mit der Beichtschrift *Panikherz* zu den Popakten gelegt. Das spricht auch aus seinen neuen Bekanntschaften. Über Instagram minutiös dokumentiert, vermitteln sie fast den Eindruck, Stuckrad-Barre freunde sich mit allem Jungen und Woken an, was nicht bei drei in *der lichtdurchfluteten Altbauscheiße* ist. Ein neues, wokes Koordinatensystem, in dem er nicht unbedingt selbst für eine neue Form von Männlichkeit einstehen muss. Er holt sie sich von außen einfach rein: mit Danger Dan, Igor Levit, Karl Lauterbach. Im Marketing nennt man das: *Borrowed Interest.*

Sein neuestes literarisches Projekt *Alle sind so ernst geworden* – das Transkript einiger Gespräche, die er mit dem deutlich älteren Schweizer Erfolgsautor Martin Suter in guter alter Tristesse-Royale-Manier unter anderem in verschiedenen Hotels geführt hat – lässt auf jeden Fall den alten Stucki wieder aufblitzen. Kein wokes Koordinatensystem, keine Diskursthemen, es geht wieder um die Lächerlichkeit von Bluetooth-Kopfhörern und um jede Menge andere klassistische Beobachtungen. Dass er dafür im Brustton aktueller Popliteraturkritik von jungen Journalistinnen angefeindet wird, wie kürzlich in einem Interview mit dem Magazin *Galore* geschehen, ist folgerichtig, aber irgendwie auch traurig. Vielleicht sollte man ihn einfach lassen. Den woken Stucki auf Instagram, den alten in seinen Büchern.

* * *

Parallel zum mäandernden Stucki hat sich ergeben, dass dieser Tage viele Texte, die meist von jungen Frauen wie Sophie Passmann oder Mithu Sanyal geschrieben werden und sich dem Zeitgeist auf ähnlich abgekürzte Weise nähern, wie es die Popliteraten der Neunziger getan haben, wieder mit dem Tag *Popliteratur* versehen werden.

Vielleicht ist die Popliteratur doch nicht tot. Vielleicht ist sie nur an einem anderen Ort.

# 13

# Boys do cry

An dem Tag, an dem ich erfahren hatte, dass meine Deutsch-LK-Prüfung derartig schlecht bewertet worden war und es jetzt eventuell knapp werden könnte mit dem Abitur, erzählte ich zuerst meiner Mutter davon. Ich traf sie im Schlafzimmer und verpackte die schlechten Neuigkeiten zunächst in die einem zwanzigjährigen Christian-Kracht-Leser angemessene Beiläufigkeit: *Ja, schon scheiße, aber muss man jetzt mal schauen mit den anderen Prüfungen, wird schon irgendwie klappen*. Nachdem ich das in etwa so vorgetragen hatte, fing ich an zu weinen und warf mich in die Arme meine Mutter, meinen Liam-Gallagher-Parker hatte ich noch gar nicht ausgezogen. Besser konnte sich Trost nicht anfühlen.

Wenn man von seiner Mutter getröstet wird, befindet man sich quasi auf neutralem Grund, was Männlichkeitskonzepte angeht, man bewegt sich in einem vormännlichen Raum, egal, wie alt man ist. Im Verständnis einer traditionellen Männlichkeit, die Stärke und Belastbarkeit in allen Bereichen und zu allen Zeiten voraussetzt, ist die sprichwörtliche Bemutterung schon immer eine Art Relief-Moment gewesen. Wegen einer Schulnote weinen – das ging wirklich nur bei

Mama; die eigene Männlichkeit erlitt dabei keinen Schaden.

* * *

Bei diesem Emo-Duo soll es aber nicht bleiben: Der Heteromann ist herzlich eingeladen, eine derartige Verletzlichkeit auch anderen Menschen gegenüber zu zeigen, etwa gegenüber dem Partner oder einem guten Freund oder in Sonderfällen sogar der Öffentlichkeit. Im Demonstrieren seiner Schwäche, so der Ansatz, liege die Dekonstruktion toxischer Männlichkeit, das Zerschlagen der Vorstellung, als Heteromann immer stark und unverwundbar auftreten zu müssen. Das schütze die Welt nicht nur vor der Gewalt, mit der der Heteromann seine sogenannte *fragile masculinity* kompensiere. Es bedeute auch für ihn selbst eine Art Befreiung, halte ihn davon ab, ständig durch die Gegend marschieren zu müssen wie der Grüffelo.

* * *

Ich würde schon sagen, dass ich bereit bin, mich zu öffnen, Gefühle zu zeigen, wie ich sie vorher nicht gezeigt habe. Zur Not auch mal in der Öffentlichkeit zu heulen. Und wenn es schiefgeht und jemand meine Schwäche ausnutzt, dann weiß ich ja, wo ich meine Mama finde.

# 14

# Keine Herrenjahre

---

Nach dem Abitur wartete das sogenannte *echte Leben*. Das heißt, es wartete genau genommen hinter den neun Monaten Zivildienst, die mir auf der Inneren Station eines Krankenhauses zwar auch Facetten von Echtheit näherbrachten, es sich dabei aber nicht – so hedonistisch das klingt – um *die* Facetten handelte, die meiner inneren, optimistischen Aufbruchstimmung entsprachen. Aus philosophischer Sicht ergab sich da schon ein Sinnzusammenhang: der Zivildienst als das Innehalten, das Gewahrwerden der eigenen Unversehrtheit, kurz vor dem Sprung ins Ungewisse.

* * *

Es war das Jahr 2003. Damals grassierte der Berufswunsch *Irgendwas mit Medien*. Die Durchlässigkeit dieser Formulierung kam mir in meiner Millennial-Flexibilitätsneurose sehr gut zupass. Das war mein Ding. Ich kaufte mir einen alten Saab 900, schrieb mich für Musikwissenschaften und Germanistik an der Universität in Köln ein und bezog im Sommer ein unmögliches Einzimmerapartment in *der* Stadt, die in den Nullerjahren noch als *Medienstadt* galt, bevor Berlin alles an sich riss, was mit Coolness zu tun hatte. Das echte Leben ging los, eine Art Römö für immer.

* * *

Wenn ich an diese Jahre als Student zurückdenke, strahlt die Unbekümmertheit von damals supernovahaft ins nicht mehr ganz so unbekümmerte *Jetzt*. Für einen jungen Mann Anfang zwanzig gab es da einfach überhaupt keine Rolle zu erfüllen: Die klassische Lebensplanung sah noch einige Jahre des Rumexperimentierens vor, und auch gesellschaftspolitisch betrachtet konnte ich mich als Millennial-Mann ziemlich frei bewegen, man musste eigentlich nur darauf achten, dass die V-Necks weit genug ausgeschnitten waren. Die Stadt mit ihren Möglichkeiten lag wie ein großer, sonniger Playground vor mir, und ich war bester Dinge, mich hier als echter Erwachsener und irgendwie auch als Mann finden zu können.

Wenn ich mich richtig erinnere, fühlte ich mich zum ersten Mal auf eine besondere Weise männlich, als ich den Mietvertrag für meine winzige Wohnung in der Kölner Neustadt unterzeichnete. Ich trug an diesem Tag ein weißes Leinenhemd, das ich angesichts der sommerlichen Hitze nur sporadisch zugeknöpft hatte, Dreitagebart und lederne Loafers. Unter meinen Arm hatte ich die Aktentasche meines Vaters geklemmt – er hatte sie mir noch vor seiner Pensionierung vermacht, weil er aus Bequemlichkeitsgründen auf einen Rucksack von Jack Wolfskin umgestiegen war –, ich empfand ihre Abgewetztheit als ausgesprochen schick und zu meinem

Outfit passend. Mit diesem Look kopierte ich ganz klar Männerinszenierungen aus der *GQ*, einem eher stilvollen Männermagazin, das ich seit einigen Monaten regelmäßig las. Die *GQ*-Version meiner selbst unterzeichnete also mit prätentiös geschwungener Signatur den ersten Mietvertrag ihres Lebens und flirtete dabei mit der reifen, attraktiven Sachbearbeiterin der Vermietungsgesellschaft so unangemessen selbstverständlich, als würde hier der echte Hugh Jackman in die Monteurwohnung auf der Zülpicher Straße einziehen wollen.

* * *

Obwohl damals nicht wirklich eine Selbstreflexion zur eigenen Männlichkeit stattfand, spielte in meiner Vorstellung von einem guten jungen Mann der messbare Erfolg bei Frauen eine große Rolle. Im Prinzip war das zu vergleichen mit der Prügelei unter Jungs: In Ermangelung der Möglichkeit, im Studentenalter schon auf andere Mittel der Distinktion zurückgreifen zu können – etwa auf Beruf, Reichtum oder Lebenserfahrung –, blieb einem erst mal nur der Vergleichswert: Girls. Hier galt es jetzt, sich an die *Pace* der Großstadt anzupassen.

* * *

Ich denke an die Begegnung mit dem Kumpel eines Freundes, der an einem Kneipenabend in meinem Beisein eine junge Frau kennenlernte und irgendwann mit ihr verschwand. Als ich den Typen am nächsten Tag zufällig auf der Straße traf, fragte ich ihn, wie das mit dem

Mädchen ausgegangen sei. Er antwortete: *»Oh Mann, ich hab die kleine Sau die ganze Nacht durchgefickt.«*

Den Satz habe ich nie vergessen. Und so befremdlich und irgendwie eklig er im glücklicherweise einigermaßen geläuterten *Jetzt* tönt: So was wollte ich damals auch über die letzte Nacht erzählen können. So eingestimmt dauerte es natürlich nicht lange, bis mir während meines frühmännlichen Treibens der erste Fehler unterlief.

Nachdem ich das erste Weihnachten meiner Studentenzeit natürlich bei meinen Eltern verbracht hatte, lernte ich am letzten Abend meines Heimaturlaubs auf der Party eines Bekannten eine junge Frau kennen, die ich, obwohl wir aus derselben Stadt stammten und in einem ähnlichen Alter waren, noch nie zuvor gesehen hatte. Jetzt saßen wir uns also, als die seltsamen Fremden, die wir füreinander waren, gegenüber und amüsierten uns sehr, es gab viel zu erzählen, auch aus den ersten Monaten im Studium, und beim gemeinsamen Gang zur Toilette fingen wir dann plötzlich an zu knutschen. Berauscht von diesem überraschenden Verlauf des Abends, machte ich ihr direkt das Angebot, sie am nächsten Tag mit dem Saab nach Bonn zu fahren, wo sie studierte, der Plan war natürlich, dort auch über Nacht zu bleiben.

Es kam genau so. Als wir abends knutschend in ihrem WG-Zimmer lagen, fragte ich irgendwann, ob sie ein Kondom habe oder wie wir es machen wollten. Plötzlich hielt sie inne, richtete sich auf und stemmte empört ihre Arme in die Hüften: Sie werde jetzt auf keinen Fall mit mir schlafen, auf gar keinen Fall. So schnell gehe das bei ihr nicht.

Ich war sehr überrascht. Das konnte nicht ihr Ernst sein. Die ganze Aktion hatte doch nie ein anderes Ziel gehabt. Wir würden eine heiße Nacht verbringen und im Anschluss wahrscheinlich nie wieder darüber reden. Die perfekte Affäre. Hier konnte das letzte Wort noch nicht gesprochen sein. Ich probierte es weiter: Warum sie denn nicht wolle, dass es bestimmt viel Spaß machen werde, so oft sehe man sich doch nicht.

Obwohl ich alles gab, blieb sie hart. Also knutschten wir noch ein bisschen rum und schliefen bald darauf ein. Am nächsten Morgen fuhr ich nach Köln und erzählte abends einem Freund, es sei lediglich zu Oralsex gekommen, was ja auch nicht stimmte, aber ein bisschen weniger gelogen war, als zu behaupten, *ich hätte die kleine Sau die ganze Nacht durchgefickt.*

* * *

Jemanden zum Sex überreden zu wollen, ist natürlich das Allerletzte. Einvernehmlichkeit kann nicht das Ergebnis von Verhandlungen sein. Und auch wenn es nicht viele Situationen dieser Art gegeben hat, beschämt mich jede einzelne heute enorm. Als Fehler sind sie mir überhaupt erst kürzlich in den Sinn gekommen. *MeToo* hatte 2017 den Blick stark auf die schwerwiegenden prominenten Vergehen gerichtet und dem gemeinen Hetero-Cis-Mann – zumindest was mich und viele meiner Freunde anging – noch nicht so richtig klargemacht, dass jeder sein männliches Wirken bis ins Studentenalter hinein zu hinterfragen hatte und noch so kleine Fauxpas berücksichtigt werden mussten. Ändern konnte man daran zwar nichts mehr, aber es galt und gilt, daraus zu lernen und die Dinge besser zu machen. Und ja, *to be honest: Consensual Sex* durch eine Frage sicherzustellen, wirkte erst mal ein bisschen: unsexy.

* * *

Als ich vor einigen Jahren meine jetzige Frau kennenlernte, fragte ich sie, bevor wir miteinander schliefen, ob das okay für sie sei. Es war das erste Mal in meinem Leben, dass ich diese Frage einer Frau so deutlich stellte. Sie sagte: *Yes*. Ich weiß nicht, ob ich jemals etwas Romantischeres erlebt habe.

# 15

# Tatsächlich übel

Einmal, kurz vor Weihnachten, ging ich mit einem Date ins Kino, es lief *Tatsächlich … Liebe*. Eine romantische Komödie mit Hugh Grant und Colin Firth, mitten in der Adventszeit spielte – das war eine alternativlose Abendaktivität. Ich hatte zwar schon bei früheren Treffen gemerkt, dass zwischen mir und meiner Verabredung so gut wie gar kein sogenanntes Knistern heraufzubeschwören war, mit der Unerfahrenheit dieser Jahre empfand ich das aber nicht unbedingt als Argument gegen weitere Treffen. Als Student hat man oft nicht viel zu tun.

Wer sich für Liebe interessierte, und dazu zählte ich mich grundsätzlich schon, wurde von der Handlung des Films tatsächlich nicht enttäuscht: Im mitunter eingeschneiten London Anfang der Nullerjahre greift einige Wochen vor Heiligabend das Verlieben quasi pandemisch um sich, jeder verknallt sich in jeden, sogar der Premierminister ist involviert. Nach den üblichen dramaturgischen Eskalationen, den Hürden, die jede einzelne Lovestory zu überwinden hat, bleibt am Ende kaum ein Gefühl unerwidert, teilweise lösen sich Konflikte noch während der Bescherung vor dem Weihnachtsbaum. Auf dem Höhepunkt des Films tanzt Hugh Grant in der Rolle des involvierten Premierministers relativ albern zu einem

Song der Pointer Sisters durch die Downing Street und wird dabei von einer Assistentin beobachtet; die Kinogäste haute es vor Lachen fast aus den Sesseln. Auch uns gefiel die Szene ausgesprochen gut.

Nach dem Film blieben wir noch etwas länger sitzen, ohne zu reden. Irgendwann sagte meine Begleitung dann, auf eine Weise bewegt, wie ich es während der wenigen Treffen zuvor noch nicht beobachtet hatte: *»Tja, wenn das mal alles im echten Leben auch so wäre.«*

Vor Kurzem habe ich den Film noch einmal gesehen, fast zwanzig Jahre später, zusammen mit meiner Frau, kurz vor Weihnachten. Ich konnte es nicht fassen: Was für ein kaum zu ertragender, sexistischer Bullshit. Eine Blaupause für hochtoxische männliche Erzählweisen. War das die gleiche Erzählung, von der seit Jahrzehnten Millennials auf der ganzen Welt behaupten, sie sei ihre Lieblingsweihnachtsgeschichte? Die Verfehlungen sind wirklich einigermaßen drastisch. Als würde man dem absurden Plot einer Parodie folgen, verlieben sich hier fast ausschließlich untergebene Frauen in ihren Vorgesetzten: die Angestellte in den Geschäftsführer, die Angestellte in den Premierminister, die Angestellte in den großen Schriftsteller. Das paternalistisch generöse Gebaren, mit dem sich diese großen Männer zu den sie anhimmelnden Frauen herunterbeugen, um sie mit der Erwiderung ihrer Liebe zu belohnen, verursacht tatsächlich eine Art Übelkeit. Und noch mal ist Hugh Grant in einen absoluten Höhepunkt involviert, diesmal in die toxischste Szene der Weihnachtsfilmgeschichte: Als nämlich die in Grant verliebte und von ihm zurückbegehrte Assistentin während eines Staatsbesuchs in einem unbeobachteten Moment auch vom amerikanischen Präsidenten, gespielt von Billy Bob Thornton, begehrt und prompt sexuell bedrängt wird, sieht Grant, der es beobachtet, darin nicht etwa einen Grund, gegen diesen Übergriff vorzugehen. Er fühlt sich vielmehr herausgefordert, mit seinem Widersacher bei der anschließenden gemeinsamen Pressekonferenz vor laufenden Kameras einen Streit um das Anrecht auf die junge Frau auszufechten. Ein feministischer Sketch könnte sich so etwas kaum ausdenken. *Rape shit!*

* * *

Wenn ich mir auch nur eine Sache von den jungen weißen Männern unserer Zeit wünschen dürfte – es wäre die Sensibilität, in diesem Film das Monster zu sehen, das er ist.

# 16

# Werbung wirkt

Ich habe mich nie bewusst für einen Beruf entschieden. Immer schon hatte eins das andere ergeben, immer schon hatte ich mich treiben lassen von Impulsen und Inspirationen. Oft öffneten sich irgendwelche Türen, die nicht wie die falschen aussahen, und nachdem ich durch einige von ihnen gegangen war, unterschrieb ich 2006 meinen ersten richtigen Arbeitsvertrag bei einer großen Düsseldorfer Werbeagentur. Mein Job: Junior Copywriter. Die Arbeit mit Texten, Filmen, Ideen, Popkultur schien die Master-Antwort auf das diffuse Kreativitätsbedürfnis eines Millennials zu sein, wenn es nicht auch mit Talent zu tun hätte, in diesen Disziplinen erfolgreich zu arbeiten, wären wahrscheinlich die meisten Menschen meiner Generation in die Werbebranche gegangen.

Und das, obwohl kaum ein anderer Beruf so viele Vorurteile um sich versammelt wie der des Werbers. Etwa die Erzählung vom hedonistischen, zugekoksten Arschloch, das, mit einer Hand auf dem Hintern der Sekretärin, irgendwelche unnötigen Produkte mit ein paar lockeren Sprüchen verkauft. Oder der Vorwurf, mit zur Schau gestellten Idealen gigantischen Druck auf alle Nichtperfekten auszuüben.

* * *

Diese Nachreden werden dem Kern der Arbeit natürlich nicht ganz gerecht. Besonders der Blick auf die für die Werbebranche besonders wichtigen Sechzigerjahre zeigt, welche Pionierarbeit große Werbeköpfe wie Bill Bernbach, Mitbegründer einer der größten Netzwerkagenturen der Welt, DDB, geleistet haben, wie sich die Kreativtechniken, die entlang der Bewerbung irgendwelcher Produkte entwickelt wurden, auf das kreative Arbeiten allgemein anwenden ließen. Hatte man vorher ein Auto mit technischen Vorteilen und einem möglichst attraktiven Preis beworben, etablierte Bernbach den Approach, mit Image des Autos und Konsumentenwahrheiten zu spielen. Auf einer legendären disruptiven Anzeige für den VW Käfer stand neben einer einfachen Abbildung des Autos: *Lemon*. Und weiter drunter, in einem Fließtext: *We pluck the lemons, you get the plums*. Was so viel hieß wie: »Hier bei VW werden unter allen neu produzierten Fahrzeugen selbst jene aussortiert, die nur einen ganz geringen Makel aufweisen, wie der vermeintlich perfekte Käfer auf dieser Anzeige. Damit unsere Kunden nur das Beste bekommen.« So wurde mit der Inszenierung von Unperfektheit genau das Gegenteil erzählt: Perfektion. Eine kreative Revolution.

* * *

Aber natürlich hatte Werbung schon immer auch eine brisante gesellschaftliche Wirksamkeit. Das Problem war und ist, dass Werbeinhalte das reproduzieren, was in einer

Gesellschaft vorliegt – Rollenmodelle, Meinungen, Schönheitsideale, Werte, Sehnsüchte. Gleichzeitig prägen sie diese Gesellschaft aber auch, weil sie durch Eindrücklichkeit und Überpräsenz so intensiv in den Austausch mit den Menschen gehen wie kaum eine andere kommunikative Kraft. Eine gut geölte Kreisbewegung. Die Verantwortung, die man als aufgeklärter Kreativer hier übernehmen könnte, um mit Inhalten Veränderungen anzustoßen und positiv auf das Zusammenleben aller einzuwirken, wird untergraben vom ewigen kapitalistischen No-Brainer: *Who pays the party gets the party*. In den Kampf mit den geldgebenden Unternehmen sind die Agenturen, obwohl sich hier schon immer große Teile des jungen geistigen, kreativen Kapitals des Landes versammelt hatten, in moralischen Fragen bisher zu selten gegangen. Und so ist die Werbung der letzten Jahrzehnte als ebenjene zu selten reflektierte Verdichtung des Zeitgeistes auch zu einem Sammelbecken für sexistischen Unsinn geworden.

Dabei muss es nicht immer um die ganz brachiale Formel *Sex sells!* gehen, nicht immer um die nackte Frau auf dem Lieferwagen der Metzgerei. Man muss sich auch nicht erst Werbefilme aus den Fünfzigern anschauen, in denen etwa das stark alkoholhaltige Beruhigungsmittel *Frauengold* als Glücklichmacher für unausgeglichene Hausfrauen angepriesen wurde, nach dessen Konsum die Dame des Hauses endlich wieder gut gelaunt und paarungswillig auf den müden nach Hause kehrenden Ehemann warten konnte. Solche Erzählungen sind mit gegenwärtigen Gehirnen sowieso nicht mehr zu verstehen. Der Werbesexismus, wie er verurteilungswürdig ist, schlug viel näher und subtiler ein.

In den Neunzigern bewarb man etwa den beliebten Weinbrand *Chantré* mit folgender Geschichte: Ein etwas überarbeitet wirkender Businessman, dem eine Ähnlichkeit zu Gordon Gekko, der skrupellosen Hauptfigur aus dem BWL-Thriller *Wall Street,* nicht abzusprechen ist, ruft seine Frau an; diese hält sich offensichtlich zu Hause auf und hebt sofort ab, als hätte sie den ganzen Tag auf diesen Anruf gewartet; ihre Haare sind frisiert, sie sieht sehr gut aus. Nicht gerade freundlich erinnert sie Gekko daran, dass am Abend Dr. Ott zu Besuch komme. Ziemlich fordernd will er wissen: *Was bieten wir an?* Seine Frau bleibt positiv und lösungsorientiert - da es sich bei Dr. Ott ja um einen Akademiker handelt und solche Männer einen exklusiven Geschmack haben, kommt für sie nur ein Getränk infrage: *Sicher einen Weinbrand?* Gordon Gekko findet die Idee klasse, hat aber noch einen wichtigen Hinweis für seine unbedarfte Frau - sie solle bloß nicht *irgendeinen* besorgen. Ertappt: Die Dame scheint nun wirklich gar keine Ahnung zu haben, entsprechend ihre Rückfrage: *So groß können die Unterschiede doch nicht sein?* Da hat Gekko noch einen letzten väterlichen Rat: *Groß nicht, aber fein.* Als am Abend Dr. Ott den ersten Schluck kennerhaft über den Gaumen laufen lässt, merkt er schnell, dass es sich hier um seinen Lieblingsweinbrand, einen Chantré, handelt. Da kann Gekkos Ehefrau nur staunen: *Am Geschmack erkannt?* Aber auch mit dieser Frage offenbart sie ihr Unwissen. Dr. Ott klärt auf: *Keine Kunst - so weich und rund.* Während die beiden letzten Attribute noch nachhallen, küsst Gekko seine Frau stolz auf die Wange, und es kann ein Zufall sein, dass hier für einen Moment der Eindruck entsteht, die Attribute würden ihr gelten – ein Dreier liegt den Blicken aller Beteiligten nach trotzdem in der Luft.

* * *

Auch die Versuche feministischer Erzählungen endeten oft im reinen Reproduzieren klassischer Geschlechterrollen, zumindest mit dem Blick von heute. Die Frau, die in einem damals sehr beliebten Werbespot der Staubsaugermarke Vorwerk auf einer schicken Party gefragt wird, was sie denn beruflich mache, und die nach kurzer, assoziationsreicher Überlegung auf die geniale Idee kommt, ihr Mutterdasein als das Führen eines *sehr erfolgreichen Familienunternehmens* darzustellen, was ihr die neidischen Blicke einiger Anwesender einbringt, ist am Ende natürlich auch auf ihr Muttersein reduziert. Die smarte Pointe: eine kreative Nebelkerze.

* * *

Als ich mit 24 Jahren Werber wurde, wusste ich weder um die Verdienste der Branche, noch konnte ich mit Sicherheit sagen, ob das, was man ihr an Sexismus vorhielt, der Wirklichkeit entsprach. Mich interessierten erst mal nur Ideen. Es berauschte mich regelrecht, dass man mit Kreativität auf diese Weise Geld verdienen konnte; mein Einstiegsgehalt von 2100 Euro brutto schien mir nach einigen unterbezahlten Praktika der Eintritt in die *High Society* zu sein. Dann kamen die ersten großen Projekte: Ich musste einen Rasierer bewerben, der im Gesicht des Mannes außergewöhnlich glatte Haut hinterließ. Das war möglich, weil das Gerät eine völlig neuartige Technologie nutzte. Es ging dabei befremdlicherweise um Schallwellen, und es schien Teil der Verkaufsstrategie zu sein, dass Männer den Einsatz von Schallwellen grundsätzlich interessant finden. Zuerst gab es Brainstormings, dann arbeiteten alle Kreativen in kleinen Teams zusammen, irgendwann mussten wir vor dem Creative Director präsentieren.

Ich stellte also mein erstes Filmskript vor. Meine Grundidee war, dass glatte Haut im Gesicht zu haben gar nicht so sehr das Bedürfnis des Mannes selbst ist, sondern eher das der Frauen, die ihn umgeben, ihn berühren wollen. Im Skript ließen deshalb verschiedene weibliche Darstellerinnen ihre Lieblingstoys fallen – Diamanten, Lippenstifte, Handys – nur um beide Hände frei zu haben für die Berührung dieser außergewöhnlichen Haut. Das Schlussbild zeigte dann – klassischer *Appreciation Shot* – den glatt rasierten Mann umgeben von etlichen Frauen – sie alle klebten mit ihren Händen an seiner Wange. Er lächelte souverän. Der Creative Director liebte die Idee. Ging es hier noch um Männlichkeit? Oder war das schon Sexismus?

* * *

Ein paar Jahre später war ich in einer Agentur angestellt, die sich dem Männlichkeitsthema von einer ähnlich existenziellen Seite näherte – wenn nicht sogar von einer existenzielleren: dem Biertrinken. Ich war in der Zwischenzeit von Köln nach Hamburg gezogen. Hier im Norden waren einige Biere angesiedelt, die es sich zum

Kommunikationsziel gemacht hatten, *das kernige Bier für kernige Männer* zu sein, die versuchten, das süß-schroffe Jeanshemdenimage des hanseatischen Hafenarchetyps in ihrer Marke zum Ausdruck zu bringen.

Interessant ist, dass man sich damals, 2011, an einer ganz anderen Stelle des Diskurses rund um Männlichkeit befand als heute. Die großen Fragen, die durch das Feuilleton geschoben wurden und auch die Kreativen in den Agenturen strategisch beschäftigten, waren: »Wie kann der Mann dem gesellschaftlichen Druck standhalten, der von allen Seiten auf ihn einwirkt? Wie erträgt er, brillant im Job, Ernährer der Familie, liebevoller Vater und leidenschaftlicher Liebhaber sein zu müssen? Und was kann unsere Marke für ihn tun?« Die Antworten, die das Marketing fand, lasen sich oft wie Gutenachtgeschichten für Zweijährige: »Wenn's dem Papa dann mal ein bisschen zu viel wird, schaut er Fußball oder geht runter zum Hafen oder macht den Grill an oder trinkt ein Bier mit Freunden. Dann fühlt er sich kurz wieder wie ein richtiger Mann und kann danach weiter mit dir basteln.«

Für unser Bier versuchten wir, eben nicht die Geschichte einer ausquartierten Männlichkeit zu erzählen, eines Mannseins, das nur noch hinter irgendeinem Grill oder vor der PlayStation stattfindet. Uns ging es um kompromisslose Männlichkeit, den Kerl, der sich nicht verbiegt, schon gar nicht für den Trend. Wir casteten bärtige Haudegen, ließen sie am Hafen trockene Sprüche aufsagen und färbten alles, was wir fotografierten, in markiges Schwarz-Weiß. Unsere Lösung für das Druckproblem war also der *Lonely Wolf*, die Kampfansage an die Verweichlichung; und obwohl wir uns mit diesem antizyklischen Ansatz sehr modern vorkamen, blieb es im Grunde eine Regression: Nichts anderes hatte der Marlboro-Mann 1970 in der Wüste Arizonas getrieben.

Als wir einmal ein Motiv zum Thema Freundschaft gestaltet hatten, auf dem zwei Männer zu sehen waren, die aneinanderlehnten und davon sprachen, dass niemals etwas zwischen ihnen stehen könne, erst recht keine Frau, gerieten die Marketingverantwortlichen in Aufruhr: Hier könne der Eindruck gewonnen werden, die beiden Männer seien schwul, das wolle man lieber vermeiden. Es war 2012. Das Motiv ist nie erschienen. Die Kampagne kam wahnsinnig gut an.

***

Das Werbebusiness war also Anfang der Zehnerjahre noch einigermaßen *male driven* – in den Geschichten, die wir mit unseren Kampagnen erzählten, und auch innerhalb der Agentursozialisierungen. Der Herrenwitz sorgte nach wie vor für großen Spaß am Konferenztisch, regelmäßig fanden männliche Führungskräfte und weibliche Berufseinsteiger auf traumwandlerische Weise zueinander, und die Personen, die am Ende eines Meetings Entscheidungen in die Runde raunten, waren in der Regel: Männer.

***

Ein einziges Mal, eher zu Beginn meiner Karriere, hatte ich unter weiblicher Führung gearbeitet, es waren immerhin gleich zwei Kreativdirektorinnen an der Spitze meines

Teams gewesen, die sich mir gegenüber ironischerweise relativ sexistisch verhalten hatten. Schon im Bewerbungsgespräch hatten sie übertrieben oft betont, dass sie mal wieder einen Mann im Büro bräuchten. Man wisse dann endlich wieder, warum man sich morgens schön anziehe. Auf meine Arbeitsproben hatten sie nur flüchtig geschaut. Klassische Objektifizierung – *Payback time!*

Ob die beiden wirklich als Vorhut eines aggressiveren Feminismus, wie man ihm heute begegnet, in der Zerschlagung des Patriarchats begriffen waren und systematisch zurückzahlten, was Männer in Führungspositionen an Verfehlungen vorgelegt hatten, oder ob sie nur die stumpfe, weibliche Version des grundübergriffigen Werberklischees abgaben, ist schwer zu sagen. Jedenfalls hätte ein derartiger Satz aus dem Mund eines männlichen Vorgesetzten auch damals schon für Probleme gesorgt, mindestens für ein ernstes Gespräch mit der Geschäftsführung. Da aber die Agenturspitzen mehrheitlich von Männern besetzt waren, hätte man hier nicht mit allzu harten Konsequenzen rechnen müssen. Das alte Spiel von Krähen und den ausgehackten Augen.

* * *

2013 wurde ich dann selbst Kreativdirektor. Die neue Verantwortung wirkte wie ein Gewissens-Update, ich musste mein Verhalten allen Mitarbeitern gegenüber erneuern, und obwohl es noch ein paar Jahre dauern sollte, bis *MeToo* die offiziellen Denkfiguren dazu liefern würde, änderte sich in diesem Zuge insbesondere mein Blick auf den Umgang mit Kolleginnen. Die im Überschwang aufs Knie gelegte Hand, der Gottschalk-Move, sollte mir in Zukunft nicht mehr während eines Gesprächs passieren; grenzwertig intim gestellte Fragen, mit denen ich auf Partys Männer und Frauen gleichermaßen aus der Reserve zu locken gedachte, empfand ich nun als ebenso unangemessen. Es schärfte sich sogar mein Blick auf den Umgang der Mitarbeiter untereinander. Überraschend war, dass viele Männer noch gar nicht mit irgendeinem Umdenken begonnen hatten.

Einmal begrüßte ein Kollege, mit dem ich in einem Meetingraum auf eine Kollegin gewartet hatte, die junge Frau mit den Worten: *»Schön, dass du endlich da bist, dann zieh dich mal aus und leg dich auf den Tisch, damit wir anfangen können.«* Die Kollegin wusste kaum, wie sie darauf reagieren sollte, und entschied sich für lautes, irgendwie trauriges Mitlachen. Nach dem Termin wies ich den Kollegen zurecht, noch nicht ganz sicher in der moralischen Rhetorik, aber doch klar in der Botschaft: »So was kannst du nicht bringen, Alter!« Es war zwar offensichtlich, dass seine Bemerkung einen sexistischen, frauenverachtenden Kommentar imitieren sollte – der Typ stand überhaupt nicht im Verdacht, sich Frauen grundsätzlich auf unangemessene Weise zu nähern, war eher eine Art unbeholfener Antimann mit selbst diagnostiziertem schwarzem Humor –, ich verstand aber an diesem Tag, dass nicht der Absender darüber entscheidet, ob eine Bemerkung angemessen ist, sondern insbesondere auch der Empfänger.

* * *

2017 hielt eine Kollegin die Abschiedsrede für einen ausscheidenden Mitarbeiter, der mein Freund war und es heute noch ist. Sie sagte viele nette Dinge über die tolle Zusammenarbeit und schloss damit, ihn als den feministischsten Mann zu bezeichnen, der ihr je begegnet sei. Ich hielt das für ein schönes, ungewöhnliches Kompliment, war mir aber gleichzeitig nicht sicher, ob ich selbst als dieser Mann gesehen werden wollen würde und ob man so etwas überhaupt über mich hätte sagen können. Später am Abend gratulierte ich der Rednerin zu ihrem gelungenen Vortrag, sie habe insbesondere am Ende einen sehr charmanten Punkt gemacht. *»Ja«, sagte sie, »er ist halt nicht so ein Sexist wie du.«*

Ich lachte laut. Und irgendwie traurig.

17

# Was würde Aurel tun?

In den Zehnerjahren lautete die Antwort auf alle männlichen Stilfragen: Steve McQueen. Die Idee einer Männlichkeit, die sich in lässig gefahrenen Cafe Racern, hochgekrempelten T-Shirt-Ärmeln, Zigaretten in Mundwinkeln und einer irgendwie geheimnisvollen Stummheit äußerte, war seit den Sechzigerjahren zwar nie ganz verloren gegangen – sie erlebte aber im Jahrzehnt des Hipsters, der sich mit großer Lust um seine Außenwirkung kümmerte, als Pose noch mal ein ganz neues Hoch. Mit gespenstischer Einigkeit machte man sich an die Reproduktion; Kaffee trinken wie Steve McQueen, Fotoapparate halten wie Steve McQueen, Rollkragenpullover tragen wie Steve McQueen. Während der Alltagsdruck für Männer weiter anstieg – die Vereinbarkeit von Familie, Job und Partnerschaft –, lag in der formalen Flucht ins Mann-Mann-Sein ein kollektiver Relief – mehrere Male machte ich mir selbst sehr ernste Gedanken über einen Motorradführerschein.

Eine Zeit lang verarbeitete ich das McQueen'sche Vorbild sogar in einer memeartigen Denkfigur. Wenn ich unsicher war, ob eine Handlungsoption zu der von mir unterstützten Männlichkeitsidee passte, stellte ich mir mantrahaft die Frage: »Was würde Steve McQueen tun?«

Würde er einen Adventskalender für seine Partnerin basteln? Aus größter Liebe: vielleicht schon. Würde er einen Onesie – diesen vermeintlich überkuscheligen Jogging-Einteiler – tragen? Eher nicht. Würde er Opel Astra fahren? Klares *Nein*. Würde er auf einem Kreuzfahrtschiff durchs Mittelmeer reisen? Möglicherweise.

* * *

Heute, im Jahr 2022, ist Männlichkeit, wie auch immer wir sie in Zukunft definieren werden, natürlich nicht mehr auf ein Master-Männerbild zu verdichten. Was Philosophen wie Jean-François-Lyotard als *das Ende der großen Erzählungen* beschreiben und damit eine fortschreitende Entwicklung meinen, die sie der Gesellschaft schon seit Jahrzehnten attestieren – weg von den kollektiv empfundenen Wahrheiten und Gefühlen –, trifft auf eine Weise auch auf Steve McQueen zu, denn als nichts anderes ist die von ihm verkörperte Männlichkeit zu verstehen: eine große Erzählung. An deren Stelle werden in Zukunft mehrere Erzählungen unterschiedlicher Männertypen treten – eine Art Segmentierung.

Doch wo sind sie, die Vorbilder, die uns den Weg in eine neue Zeit weisen? Die Männer, die die Strahlkraft haben, vielleicht sogar für nachfolgende Generationen als Sinnbild einer neuen Männlichkeit zu stehen?

* * *

Betrachtet man die deutsche Öffentlichkeit, stößt man schnell auf einige Kandidaten, die theoretisch für eine solche Rolle geeignet wären. Zum Beispiel Robert Habeck: Sein Move, in der Frage um die grüne Kanzlerkandidatur 2021 im entscheidenden Moment seiner Kollegin Annalena Baerbock den Vortritt zu lassen, sein Bestreben, in der politischen Diskussion nicht auf die klassischen Alphamann-Scharmützel einzugehen, und die Art und Weise, wie er schwarze Hemden und braune Lederboots kombiniert, lassen ihn definitiv als neuen, untoxischen Typ Mann erscheinen, der für junge Männer so etwas wie ein Vorbild sein könnte. Schaut man sich dann aber, mit dem rauchenden Steve McQueen am Strand von Saint-Tropez im Kopf, jene Fotos an, die Robert Habeck im Rahmen eines Umweltprojektes beim Zeltaufbau in der Wildnis Schleswig-Holsteins zeigen, wird auch klar, dass das natürlich nicht die ganze männliche Wahrheit sein kann.

Ein anderer Mann, den immerhin die Werbung als Vertreter einer neuen Männlichkeit entdeckt hat, ist YouTuber, Moderator und wokes Twitter-Schwert Aurel Mertz. Als der Mode-Online-Versandhändler Zalando vor Kurzem eine große Imagekampagne launchte, war es Aurel, den man da auf riesigen Kampagnen-Plakaten sehen konnte – umgeben von völlig unterschiedlichen und nicht dem Schönheitsideal entsprechenden Männern. Über dem Motiv stand: *Männer sind schön.* Body Positivity für den Mann. Old News, könnte man sagen – dass der Mann nicht unbedingt eine Schönheitsnorm erfüllen muss, um sich gut zu fühlen und sogar begehrt zu werden, ist eigentlich eine der Ur-Erzählungen *straight outta Patriarchat*. Der Mann durfte immer schon unperfekt sein. Jetzt davon auszugehen, dass viele

Männer unter ihrem nicht optimalen Aussehen leiden könnten und dafür nach einem männlichen Empowerment-Vorbild suchen, wirkt auf mich wie der fast zynische Versuch, neuer Männlichkeit irgendein Framing zu geben. Am Beispiel von Aurel Mertz wird deutlich: Zu einer wirklich fühlbaren, innovativen Plakativität hat neue Männlichkeit noch nicht gefunden. Aber muss sie das überhaupt?

* * *

Auch Linus Giese erfüllt die Kriterien eines Männertyps, der innerhalb eines neuen Männlichkeitssegments so etwas wie ein Vorbild sein kann: Als Transmann, der die Geschichte seiner Transition im Bestseller *Ich bin Linus* festgehalten hat, bietet er insbesondere jenen Männern eine Projektionsfläche, denen bei der Geburt das falsche Geschlecht zugewiesen wurde und die sich seitdem im Kampf um ihre Männlichkeit befinden. Aber: Während sich Linus eher als zurückhaltender, mittelmaskuliner Mann gebärdet, leben andere Transmänner ihre Männlichkeit auf beinahe toxische Weise aus. Wer den ehemaligen Leistungssportler Balian Buschbaum, der seine Transition schon vor einigen Jahren öffentlich besprach, im brutal aufgeknöpften Hemd über sein Sexverhalten reden hört, errötet spätestens dann, wenn er den regen Gebrauch seiner Penispumpe en détail erläutert. Mitten aus der LGBTQ+-Community heraus entwickelt sich hier also wieder ein Männertypus, wie man ihn an anderer, queerer Stelle gerne für immer verbannen würde. Diese Heterogenität macht die Ikonenbildung auch im Transmann-Segment zu einer komplizierten Sache.

* * *

Vielleicht hat das männliche Vorbild einfach ausgedient. Vielleicht waren Vorbilder in ihrer ganzen Unterkomplexität schon immer ein Symptom toxischer Männlichkeit. Vielleicht hat das Bewundern eines vermeintlich idealen Mannes schon immer dazu geführt, dass Männer zu wenig über sich selbst nachgedacht haben. Vielleicht wurde einfach zu viel Motorrad gefahren.

18

# Please don't touch

Ich würde mich als *touchy* bezeichnen. Wer gerne andere Menschen anfasst – nicht in einem übergriffigen Sinne, sondern als Ausdruck einer Emotion, als Betonung von etwas, vielleicht auch als simple Geste der Zuneigung –, hat es nicht leicht. Oft werden solche Berührungen eben doch als Übergriff gewertet.

* * *

Nachdem ich in meiner Rolle als Führungskraft und auch entlang der neuen gesellschaftlichen Standards das Berühren von Frauen, die mir nicht vertraut waren, komplett ausgesetzt hatte, blieben mir nur noch die Männer – gute Freunde, aber auch Fremde, denen ich im Gespräch schon mal die Hand auf die Schulter lege. Denkt man im Modell der *kulturellen Aneignung*, ist es auf jeden Fall das Italienische, dessen ich mich hier bemächtige.

Viele meiner Freunde hassen es, berührt zu werden. Selbst ein argloses In-den-Arm-Nehmen lässt die meisten zusammenschrecken, als hätte man ihnen einen toten Frosch in den Hemdkragen gestopft. Manchmal kommt es mir vor, als scheuten sie sogar die einfache Begrüßungsumarmung. Das geht kurioserweise insbesondere den

Männern in meinem Freundeskreis so, die sich schon früh für alternative Männerrollen eingesetzt haben. Dabei würde doch die reine Lehre einer neuen Männlichkeit, so unvollständig und gestaltbar sie im Moment noch ist, durchaus vorsehen, sich auch unter Männern häufiger zu berühren – um sich zu trösten, sich zu beruhigen, einfach nah zu sein.

* * *

Die Gründe für eine Angst vor Berührungen können natürlich vielfältig und persönlich sein. Aber es ist offensichtlich, dass es nicht zum Selbstverständnis des gemeinen heterosexuellen Cis-Mannes gehört, sich über den Handschlag oder die kernige Umarmung hinaus anzufassen, zumindest nicht in unserem Kulturkreis. Die Vorstellung, mich mit meinen Freunden kuschelnd auf ein Sofa zu legen, während wir Jobneuigkeiten austauschen, erzeugt natürlich ungewohnte Bilder in meinem Kopf und ist in dieser Form ja auch nicht unbedingt bei Frauen zu beobachten. Es wären die kleinen Steps, für die ich plädieren würde.

* * *

Mein letzter Versuch, in dieser Sache missionarisch tätig zu werden, endete allerdings fast in einer Schlägerei. Ich hatte in einer Bar einen Typen vorgestellt bekommen, der der Freund eines Freundes war und einigermaßen sympathisch auf mich wirkte. Mitten im Gespräch legte ich dann irgendwann meinen Arm auf seine Schulter, als Zeichen meiner Friedlichkeit, als etwas Verbrüderndes. Bei ihm kam das überhaupt nicht gut an. Er befreite sich mit einer wilden Körperwindung von meinem Arm, schaute mir tief in die Augen und sagte, fast bedrohlich, dass er das nicht möge, weil er glaube, ich wolle ihm damit sagen: »Du gehörst mir.« Das war auf keinen Fall meine Absicht gewesen und ein schneller Sprung ins Persönliche – es schien wahrscheinlich, dass die Ursache für diese heftige Reaktion außerhalb dieser Situation lag: schlechte Erfahrungen, Kindheit, Komplexe. Um das Missverständnis zu klären, legte ich ihm, zugegebenermaßen ein bisschen kopflos, erneut den Arm auf die Schulter. Kurze Zeit später musste ich den Laden verlassen: Er hatte mir gedroht, unter Beweis zu stellen, dass er Mixed-Martial-Arts-Kämpfer sei. Sein Kampfstudio habe er eine Straße weiter. Wahrscheinlich konnte er alle im Raum mit bloßen Händen töten.

# 19

# Übermännlich

Wer in der Werbebranche arbeitet, sucht eigentlich ständig nach einer Möglichkeit, seine kreative Power nicht mehr in den Dienst von Joghurts, Handy-Flatrates und Kaugummis stellen zu müssen. Endlich das sein zu können, was einem der Auftraggeber im Grunde immer verbietet: ein echter Künstler. Designer versuchen es folgerichtig mit bildender Kunst und Malerei, Werbetexter schreiben Bücher oder Fernsehserien, und eigentlich produzieren alle - unabhängig vom Gewerk - eine Menge elektronische Musik, die man manchmal nachts auf irgendwelchen Firmenfeiern und in Ausnahmefällen wirklich mal auf Spotify zu hören bekommt.

Tatsächlich hat es immer wieder erfolgreiche Autoren gegeben, die sich vor dem literarischen Durchbruch als Werbetexter verdingten, selbst die ganz Großen gehören dazu: Frank Schätzing, Charles Bukowski, Günter Grass. Das gegenwärtigste Beispiel liefert der Schweizer Erfolgsautor Martin Suter, der noch bis ins höhere Alter Kreativchef seiner eigenen Agentur war und dessen Know-how in Vermarktungsdingen eindeutig aus seinen Buchprojekten spricht - die Idee, einen Roman über Bastian Schweinsteiger zu schreiben, kann eigentlich nur dem Geiste eines Menschen entspringen, der sich auch schon mal mit dem Verkaufen von Deodorant oder Kartoffelchips beschäftigt hat.

* * *

Nach dem eher erfolglosen Versuch, meine Abiturprüfung in ein popliterarisches Großwerk umzuwidmen, hatte sich auch bei mir Mitte der Zehnerjahre so viel Selbstverwirklichungsdrang angestaut, dass ich es nun ernsthaft angehen wollte mit dem Romanschreiben. Einen richtigen Plan für den Plot gab es nicht, nur das kühne Bestreben, so etwas wie einen erwachsenen Holden Caulfield zu erschaffen, jenen jugendlichen Hauptcharakter aus Salingers Coming-of-Age-Klassiker *Der Fänger im Roggen*. Mein Holden würde als Mittdreißiger durch ein narzisstisches, liberal-bürgerliches Milieu taumeln und dabei langsam den Glauben an sich und die Welt verlieren, gerne mit viel Sex, Alkohol und ein bisschen Kokain. Vielleicht sogar mit einem blutigen, Tarantino-haften Ende.

Mehr gedankliche Vorarbeit hatte nicht stattgefunden. Es sollte einfach so losgehen – auf der thailändischen Insel Ko Samui, kurz nachdem sich Holden dort, bezeichnenderweise im Pärchenurlaub, von seiner Freundin getrennt hatte.

Ich sitze am Strand und schaue aufs Meer. Hinten am Horizont schaukelt ein kleines Boot langsam hin und her. Ich frage mich, ob das wohl ein Fischerboot ist, ob Fischerboote nicht größer sein müssten und ob man an diesem Strandabschnitt überhaupt fischen darf. In meiner Hand ein kühles Chang-Bier, darunter das hart antrainierte Sixpack und noch etwas tiefer die Shorts von Abercrombie. Ich sitze einfach nur da und finde, dass es sich ganz gut anfühlt. Und während ich so dasitze und schaue und mich die Dinge über das Boot frage – während das also passiert und irgendwie auch nicht passiert –, ist Katja bereits auf der Heimreise.

Von hier aus jagte ich Holden mit jeder geschriebenen Seite weiter durch einen schweißtreibenden Ereignis-Parcours: dramatische Nächte in Bangkok, Ernüchterung zu Hause, weitere Ernüchterung auf der Hochzeitsfeier einer Ex-Freundin, beginnende Sinnsuche, beginnende Depression, schlechter Einfluss in Berlin, eine fragwürdige Einladung nach New York, Amoklauf.

* * *

Nach zwei Jahren Feierabendarbeit hatte ich 200 Seiten gefüllt und hielt das literarische Roadmovie, das mein Text geworden war, für ein relevantes, zeitgeistiges Stück Literatur. Ob es die Buchbranche auch so sehen würde?

Es hagelte Absagen. Die meisten Verlage reagierten fast persönlich gekränkt auf die eindeutigen popliterarischen Bezüge. Diese Gattung habe ihre Zeit gehabt, so was könne man wirklich nicht mehr machen. Außerdem sei der Text vor allem eins: viel zu männlich. Dass damals, 2018, toxische Männlichkeit längst als enttarntes Schreckgespenst durch alle Ecken der Gesellschaft heulte, dass der öffentliche Diskurs mit der Dekonstruktion des Heteromannes begonnen und *MeToo* die ersten kapitalen Schweine ans Licht gezerrt hatte, wusste ich natürlich. Was ich nicht verstand: Was hatte das mit meinem Text zu tun? Mein Held begrapschte keine jungen Mädchen, machte keine Witze auf Kosten marginalisierter Gruppen und begegnete immer wieder starken Frauen. Er fuhr nicht jeden Tag mit dem Motorrad zum Whisky-Tasting und hatte auch mal schwache, nachdenkliche Momente. Es war offensichtlich die Geschichte eines smarten jungen weißen Mannes, dessen Psychogramm sich aus Beobachtungen speiste, die ich in meinem Umfeld gemacht hatte. Der durch ein Sujet stapfte, das zweifellos existierte. Was war das Problem mit dieser Art von Männlichkeit? Wie konnte sie *zu viel* sein, wenn sie wahr war?

Am nächsten Morgen wache ich mit Übelkeit auf. Wahrscheinlich war es sogar die Übelkeit, die mich geweckt hat. Es riecht nach Weißwein und Zigaretten im ganzen Raum. Neben mir liegt Steffi. Ich kann nicht behaupten, dass sie süß aussieht oder so, wie man das kennt von Frauen, die morgens neben einem liegen und schlafen. Sie sieht eher mitgenommen aus, mit dem verschmierten Make-up und den glucksenden Lauten, die aus ihrem halb offenen Mund kommen, ein bisschen wie tot oder zumindest kurz davor. Etwas Blut ist da auch auf dem Bettlaken, ich schätze aber, dass es mit meiner Wunde am Arm zu tun hat. Ich schaue mir noch eine Weile an, wie Steffi da liegt und irgendwie tot aussieht. Dann packe ich meinen Koffer und gehe. Auf dem Weg nach unten frage ich mich, ob ich sie wiedersehen werde. Ich schätze mal, dass das eher unwahrscheinlich ist, aber ich kann gerade gar nicht sagen, ob ich das schade finde. Ich reise ab.

Betrachtet man den Buchmarkt, wie er sich heute darstellt, verfolgt man die Debatten im Feuilleton und in den sozialen Netzwerken, versteht man viel besser, welche Konfliktlinie die Lektoren 2018 mit ihrem Feedback auf meinen Text aufmachten. *Zu männlich* war nicht unbedingt als Kritik an der konkreten Männlichkeit meines Protagonisten zu verstehen – es ging mehr um den Fakt, dass hier überhaupt das Gefühlsleben eines Hetero-Cis-Mannes verhandelt wurde. Welche Gedanken sich ein junger weißer Mann vor, während und nach dem Geschlechtsverkehr macht, schien einfach niemanden, absolut niemanden mehr zu interessieren, der 2018 eine Buchhandlung betrat. Die ewigen White-Male-Spannungsfelder – das Trinken, der Sex, die Sinnsuche – sie hatten sich bis zum letzten Tropfen auserzählt, zumindest für den Moment.

Die Figur des jungen weißen Mannes war, was ihre literarische Wirksamkeit anging, zu einem hospitalisierten, manisch im Kreis taumelnden Tier geworden.

* * *

Besser standen die Autoren und ihre Werke da, die 2018 aus einer marginalisierten Position heraus identitätspolitische Beiträge in Romanform oder als Sachbuch verfassten. Ihre bunt gestalteten Illustrations-Bookcover füllten mehr und mehr die Buchhandelsauslagen und Instagram-Feeds, ihre Themen gingen eine Wechselwirkung mit gesellschaftlichen Debatten ein, und ihre weichere Sprache prägte den vermeintlich neuen männlichen Sound.

Und so wirkt das Unbehagen, das in der Mitte des Romans meinen Protagonisten beschleicht, wie eine Dimensionen durchbrechende Vorahnung der eigenen literarischen Zukunft.

---

Ich sitze im Sprechzimmer von Dr. Schipper, das ist einer von diesen schicken Ärzten, die ihre Praxen in den schönen, großen Altbauten der Hamburger Innenstadt haben, ganz in der Nähe vom Jungfernstieg. Er ist nicht mein Hausarzt oder so was, ich hatte ihn mir vor einigen Wochen im Netz rausgesucht, als mir urplötzlich der Gedanke gekommen war, dass eine Vorsorgeuntersuchung vielleicht nicht schaden könnte.

Ich bin also in diesem Sprechzimmer, nachdem ich es durch das herrschaftliche Treppenhaus und vorbei an den Sprechstundenhilfen mit den Pferdeschwänzen geschafft habe und im Wartezimmer etwa eine Stunde auf so ein Foto von einem Leuchtturm gucken musste. Dr. Schipper sitzt vor mir, hinter seinem Schreibtisch, und wenn ich es nicht besser wüsste, würde ich sagen, da sitzt Cle von Beust, der ehemalige Bürgermeister von Hamburg. Diese älteren Männer mit blonden, geföhnten Haaren und so einem braunen Gesicht begegnen einem wirklich oft in Hamburg, und ich denke mir dann eigentlich immer: cooler Style für das Alter. Aber bei diesem Schipper finde ich das Braun schon ein bisschen irritierend.

Ich will gerade die Frage nach meinem Wohlbefinden beantworten, da fällt mir die Omega an seinem Handgelenk auf. Ich kann nicht genau erkennen, um welches Modell es sich handelt, sieht aus wie eine Speedmaster, und als ich kurz aufschaue, bemerke ich, dass Dr. Schipper mir auch aufs Handgelenk glotzt. Ich trage die Fake-Omega, die ich in Thailand gekauft habe, und es ist ihm bestimmt aufgefallen, dass wir sehr ähnliche Uhren tragen, und jetzt sitzen wir also da und gucken uns gegenseitig auf die Handgelenke. Und dann schaue ich zurück in sein Gesicht.

»Mir geht's nicht so gut«, sage ich.

---

Mein Holden hat es also nicht in einen veröffentlichten Roman geschafft. Manchmal denke ich an ihn, wie er da sitzt, in einem Wartezimmer. Und dann habe ich plötzlich das Gefühl, dass er irgendwann doch noch seine Chance bekommt.

# 20

# Man in the mirror

Irgendwas stimmte da nicht mit »dem Mann«. Die Reaktionen auf mein Romanmanuskript hatten mir deutlich vor Augen geführt, dass es eine tiefgehende Auseinandersetzung brauchte mit den aktuellen gesellschaftlichen Entwicklungen, dass ich tiefer gehen musste, als ich bisher vorgedrungen war.

* * *

In einem toten Winkel meiner Filterblase hatte sich eine regelrechte Wissenschaft rund um die Themen *Gender* und *Identitätspolitik* aufgefächert, der ich mich jetzt mit einiger Akribie widmete. Ich erinnere mich gut daran, dass es eine gewisse Zeit brauchte, bis ich den Begriff Hetero-Cis-Mann wirklich durchdrungen hatte und genau verstand, wie ich mir das Selbstverständnis eines Transmannes vorstellen musste, wie ich über Transition sprechen konnte, ohne Gefühle zu verletzen. Es war ein ganzes Vokabular, das ständig wuchs und das es zu erlernen galt.

Mir fiel auch auf, dass einige Basics, wie die wichtige Unterscheidung von sexueller Orientierung und sexueller Identität, für den gemeinen jungen Mann und auch viele

Frauen einfach nicht richtig abrufbar waren. Manche Menschen in meinem Umfeld glauben sogar noch heute, der öffentliche Diskurs würde dem alten *weisen* Mann an den Kragen wollen, mich rührte die Vorstellung, dass sie dabei wahrscheinlich an eine Art Gandalf denken müssen, einen bedauernswert greisen, aber eben auch sehr klugen Herren.

Plötzlich bemerkte man beim Blick nach rechts und links, dass einige Männer trotz heterosexueller Cis-Identität quasi über Nacht korrumpiert worden waren und scheinbar ohne Gegenwehr und mit Lustgewinn an der Dekonstruktion des Heteromannes mitwirkten.

Wie musste man sich so ein *Dekonstruiertwerden* vorstellen? Kolumnisten wie Harald Martenstein schlugen Alarm und fingen an, in ihren Texten Woche um Woche eine Art Restmännlichkeit zu verteidigen – für Martenstein als tatsächlichen alten weißen Mann hatte die Krise wahrlich etwas Bedrohliches.

Für uns jüngere weiße Männer stellte sich vielmehr die Frage: Was ist jetzt genau zu tun, im Jahre 2018?

Man in the mirror

21

# Die ganz harte Tour

Anfang 2019 saß ich auf dem Weg zu einem ersten Date im Großraumtaxi; diese Kleinbusse werden von Taxiunternehmen auch zu Einzelpersonen geschickt, wenn gerade keine Touren für größere Gruppen anstehen. Als ich mich also in diesem völlig überdimensionierten Transportmittel dem Ort in Berlin-Neukölln näherte, an dem wir uns verabredet hatten, überkam mich plötzlich die leichte Sorge, mein Auftritt könnte etwas zu prätentiös ausfallen. Das Großraumtaxi würde – wie üblich für diese Fahrzeugkategorie – am Ziel angekommen die Tür langsam elektronisch öffnen, ich würde fast aufrecht aus dem mannshohen Innenraum nach draußen steigen und im Zweifel direkt meiner Verabredung in die Arme laufen. Eine Szene, irgendwo zwischen der Begegnung mit einem RTL-Bachelor und Kanye West bei der Ankunft vor einem New Yorker Szeneclub. Was würde dieser mediokre Protzauftritt über mich als Mann sagen, in einer Zeit, in der Männer grundsätzlich zur Zurückhaltung aufgefordert sind?

* * *

Ich hatte einige Jahre in festen Beziehungen verbracht, hier draußen, auf dem freien Feld, wehte inzwischen ein ordentlicher Debattenwind. Welche Rolle galt es 2019 einzunehmen, wenn man als Mann ein klassisches Date mit einer Frau hatte? Der Hardcore-Gentleman, wie er noch wenige Jahre zuvor durch die Kolumnen der Männermagazine gestapft war, lief in den Straßenschluchten Neuköllns definitiv Gefahr, mit einem Buch von Margarete Stokowski erschlagen zu werden bei dem Versuch, die Rechnung für gemeinsam verspeiste Köfte zu übernehmen.

Gab es einen neuen *Code of Conduct* für solche Treffen? Wollten Frauen wirklich nicht mehr, dass man sie einlädt, ihnen die Tür aufhält, vielleicht sogar den Wein aussucht? Waren das tatsächlich paternalistische Akte, die eben nicht eine Wertschätzung, ein Zuvorkommen der Frau gegenüber ausdrückten, sondern – ganz im Gegenteil – einen Angriff auf ihre Autonomie? War die Lösung etwa, immer erst offen über alles zu reden: *Konsensuales In-den-Mantel-Helfen*?

* * *

Glücklicherweise konnte ich das Großraumtaxi unbeobachtet verlassen: Die Frau hatte sich verspätet. Als sie dann irgendwann auf der gegenüberliegenden Straßenseite auftauchte und mit einem weltumspannenden Lachen zu mir rüberkam, wusste ich sofort, dass ich nie mehr ohne sie sein wollte. Ich hatte mich in dieser kalten Neuköllner Nacht für immer verliebt.

Am Ende eines absurd langen Spaziergangs landeten wir in einem schwäbischen Restaurant und später in dem Jazzclub, der sich im Keller darunter befand. Sie trank eine erstaunliche Anzahl an alkoholfreien Hefeweizen, ich versuchte, mit Sauvignon Blanc mitzuhalten. Wir redeten über Krankheiten und Drogenexzesse und den Namen, den man seinem Kind geben würde, und weil sich das alles wirklich gut anfühlte und mich unser Vibe grundsätzlich bestärkte, beschloss ich, einfach *die* Dinge zu tun, die sich richtig anfühlten: Ich hielt ihr die Tür auf, zahlte die Rechnung, half ihr in den Mantel und brachte sie nach Hause. Das ganz harte Gentleman-Programm. Niemand erschlug mich mit irgendeinem Buch.

Im Gegenteil: Wir fingen an, uns regelmäßig zu sehen. Einmal kam ich mit meinem Oldtimer-Cabrio zum Date, einem roten Alfa Romeo Spider. Ich parkte direkt vor dem Restaurant, wie es mir mein innerer Rest-Steve-McQueen befohlen hatte, man konnte den Wagen während des Essens sogar von unserem Tisch aus sehen. Noch mal war da für einen Moment die Befürchtung, ich könnte damit einen toxischen Männertypus repräsentieren, der es für einen angemessenen Move hielt, Frauen mit Autos zu beeindrucken. Was würde eine junge, moderne, coole, unabhängige, intelligente Frau wie meine Bekanntschaft darüber denken?

Ein paar Stunden später, nach jeder Menge Hummus und einigen Flaschen Pinot Grigio, sah man uns mit offenem Verdeck schlingernd die Straße hoch zu ihrer Wohnung fahren. Ich saß auf dem Beifahrersitz, sie am Steuer. Der Fahrtwind wirbelte ihr das Haar kunstvoll ums Gesicht. Ich hatte einen Song der österreichischen Popband Bilderbuch aufgelegt, ich glaube, es war »Bungalow«, der Bass hallte von den Altbaufassaden wider. Ich fühlte mich sehr gut neben ihr. Offensichtlich dachte sie etwas Gutes über das Auto. Und über mich.

* * *

Ein Jahr später wurde unser Sohn geboren.

# 22

# Ich bin dein Vater

Als meine Eltern geboren wurden, also genau dann, als die Mutter meines Vaters und die Mutter meiner Mutter im Kreißsaal lagen und schrien – beide Geburten fanden Anfang der Fünfziger statt –, saßen die Väter, meine Großväter, mit ihren Kumpels in der Kneipe und tranken Schnaps. Nicht weil ihnen niemand Bescheid gegeben hatte. Sie wussten ganz genau, was gerade passierte. Es war einfach völlig selbstverständlich, diese Aktion gänzlich der Frau zu überlassen. Und selbst wenn es die Männer interessiert hätte, wie ihr eigenes Kind zur Welt kommt, selbst wenn sie ihren Frauen hätten Beistand leisten wollen – das System sah keinen Mann im Kreißsaal vor.

Wenn ich als junger Mensch an meine eigene Vaterschaft dachte, daran, wie die Geburt meines Kindes ablaufen würde, sah ich mich immer an der Seite einer Frau vor Rührung weinen, die Nabelschnur durchtrennen, vielleicht sogar in Ohnmacht fallen. Was die männliche Geburtspartizipation angeht, hat sich über zwei Generationen hinweg ein entscheidender *Mindshift* vollzogen: *Be there or be square*. Wer sich als Mann heute in eine Bar setzt, während die Frau unter absurden Schmerzen das gemeinsam erschaffene Leben zur Welt bringt, muss wahrscheinlich gar nicht mehr nach Hause kommen. Es sei denn, die Frau wollte bei der Geburt ausdrücklich allein sein, was auch nicht gerade für die Intaktheit der Beziehung spräche.

Dass sich die Einstellung zu Männern in Kreißsälen in unserer Gesellschaft geändert hat, ist natürlich eine sehr gute Entwicklung: für die Frau, die den Support bekommt, den sie verdient und braucht; für den Mann, dessen Verbindung zum Kind durch dieses gemeinsame, metaphysische Erlebnis eine ganz andere Tiefe erreicht; und wahrscheinlich auch für das Kind, das in den ersten Minuten seines Lebens gleich von zwei glücklichen Riesen willkommen geheißen wird. Es ändert sich damit aber nicht die Tatsache, dass die Anwesenheit des Mannes bei der Geburt – bei allem Respekt für die konkurrenzlose Leistung der Frau – eine nicht ganz einfache Angelegenheit ist.

Männer in Kreißsälen bleiben einigermaßen lächerliche Figuren. Ihre Passivität an der Seite einer alles gebenden Frau stellt einfach eine nicht aufzulösende Form des Versagens dar. Zumindest nach traditioneller Männlichkeitsdefinition, die den Mann als Macher, als den Starken, den Zähen *framt*, kommt es quasi zu einer Verkehrung der Rollenattribute: Der Mann tröstet, die Frau muss an die Front. Auf dieses Faktum haben Männer in der Vergangenheit mit unterschiedlichen Narrativen reagiert. Die am weitesten verbreitete Variante ist wahrscheinlich jene, die das Kreißsaalerlebnis als singulär schwachen Moment darstellt, also in etwa: *Ich konnte da gar nicht hinschauen, bin fast in Ohnmacht gefallen.* Gefolgt wird diese Vorrede dann von überschwänglichem

Lob der Frau: *Hat sie so gut gemacht.* Was diese Erzählung eigentlich sagen will, ist: Heute setze ich als Held mal kurz aus, ansonsten bin ich natürlich zuständig für Blut, Schweiß und Tränen.

Eine andere Möglichkeit, als Mann seine Kreißsaalperformance im System traditioneller Männlichkeit zu framen, ist das Motiv der starken Schulter. Dass ein echter Mann eben weiß, wann er für seine Frau einfach nur da sein muss, wann es nur darum geht, ihre Hand zu halten, und er damit sein männliches Spektrum unter Beweis stellen kann: *I'm a lover and a fighter.* Außerdem kann ich auch gut zuhören.

Und dann gibt es natürlich den Blick aus einem eher neuen Männlichkeitsverständnis heraus, wo das Sanfte, Tröstende einfach von Grund auf als männliche Eigenschaft verstanden wird und man nicht mehr von vertauschten Rollen sprechen muss, weil eben beide – der Mann und die Frau – im Kreißaal eine plausible und für sich theoretisch typische Rolle einnehmen können.

* * *

Wie es sich wirklich anfühlt, ob in einem Geburtserlebnis eine grundsätzliche Erkenntnis für das Geschlechterverhältnis steckt oder hier die Wucht des Lebens für eine Erfahrung jenseits von Genderüberlegungen sorgt, weiß nur der, der dabei war.

Als im August 2020 mein Sohn zur Welt kam, hatte ich meine Frau mit dem Auto ins Krankenhaus gefahren. Ich hatte den Wagen kühn an einer nicht zulässigen Stelle vor dem Krankenhaus abgestellt und sie auf die entsprechende Station gebracht. Dabei empfand ich ein Gefühl größter Verantwortung, spürte eine gewisse Rigorosität in mir, mit der ich alles aus dem Weg geräumt hätte, was für das Wohl meiner Familie hinderlich gewesen wäre. Auf der Babystation übernahm dann sofort eine Hebamme unseren Fall. Von da an schwand der Einfluss, den ich auf das Geschehen hatte, sekündlich. Ich erinnere mich nur schemenhaft, dass meine Frau irgendwann aus einem Behandlungszimmer kam und mir mit aufgerissenen Augen zurief, dass »er« jetzt komme, und im nächsten Moment saß sie auf jenem prätentiösen Stuhl und ich daneben. In dieser Sekunde musste ich anfangen zu weinen. Dass es jetzt wirklich losging, hatte mich überwältigt, aber auch der Gedanke daran, dass sie, meine Frau, jetzt diesen Job zu erledigen hatte, dass sie jetzt alles geben würde für mich und unser Kind. Ich war tief gerührt von ihrer Kühnheit. Mit der Kränkung, nichts weiter tun zu können, als einfach nur da zu sein, ist es ein bisschen so wie mit den Geburtsschmerzen: Man vergisst sie, sobald man sein Kind in den Armen hält.

* * *

Unabhängig davon, wie im Moment der Geburt das Vatersein gefühlt wird und welche Auswirkungen das eventuell auf die Vaterpsyche haben könnte, hat sich die Rolle des Mannes rund um das Kinderkriegen und spätere Kinderhaben einigermaßen drastisch geändert. Je moderner ein Mann sein Mannsein begreift, desto näher rückt er an das Babythema heran, baut Verständnis für die Materie auf, steigt beim Lunch mit Kollegen in ein *Für und Wider zur Nonomo-Federwiege* ein. Geburtsvorbereitung, Ersttrisemesterscreening, Toxoplasmose – *been there, done that, bought the Stillkissen.* Auch diese gesellschaftliche Entwicklung ist disruptiv – kein Argument der Welt kann glaubhaft konstatieren, dass die Beschäftigung mit dem Kinderkriegen nur der Frau vorbehalten sein soll und nur die Frau mit Glück erfüllt.

* * *

An den Wokeness-Rändern treiben diese Neuerungen natürlich gelegentliche Stilblüten. Etwa dann, wenn Männer allzu berauscht sind vom Ausagieren ihrer modernen Vaterrolle und dabei ein bisschen vergessen, dass es nicht unbedingt einen Post auf Instagram wert ist, seinen Kids eine Portion Fischstäbchen in die Pfanne gekippt zu haben. Eine Frau würde das wohl kaum als zu kommunizierende Neuigkeit empfinden. Männer – das gilt aus meiner Sicht im Besonderen auch für eine neue Definition von Männlichkeit – sollten in keiner Disziplin um Applaus bitten.

Etwas seltsam wird es auch dort, wo Vatersein auf eine derartig intensive Weise betrieben wird, dass man eigentlich von *Sexual Appropriation* sprechen müsste. Wenn Männer also so sehr der Frau in nichts nachstehen wollen, dass man den Eindruck gewinnt, sie wären am liebsten selbst *die Frau,* und nicht mal davor zurückschrecken, ihrer Partnerin zu erklären, wie man das Baby richtig an die Brust anlegt. Hier wird der Mann in seiner neuen überfeministischen Rolle fast wieder zu einer Art Mansplainer. Was die spannende Frage aufwirft: Welche Art von Involvement ist auf eine gute Weise männlich?

* * *

Neben den beflissenen und überbeflissenen Dads beobachte ich in meinem Umfeld aber auch einige Fälle, in denen die neue Vaterrolle im Sinne eines neuen Männlichkeitsverständnisses zu einem regelrechten Überdruck führt. Eine Freundin erlebte genau das: Nachdem sie mit ihrem Ehemann ihre Tochter zur Welt gebracht hatte und eine Zeit lang das klassische Leben einer Intellektuellen-Kreativ-Bubble-Familie geführt hatte, fing ihr Partner plötzlich an, sich seltsam zu verhalten. In der gemeinsamen Wohnung ging er Kind und Frau aus dem Weg, verbrachte Tage zwischen Bett, Sofa und PlayStation, ghostete seine eigene Familie. Einmal als er am Abend das zweijährige Mädchen ausnahmsweise allein betreut hatte, fand seine Frau später im Bett ihrer Tochter ein Päckchen Ecstasy-Pillen; das Kind hatte es zum Glück nicht entdeckt. Der Grund für diesen mehrdimensionalen Vaterausfall, soweit es aus den Gesprächen, die bei aller Zerrüttung noch möglich waren, hervorging, war nicht eine Affäre oder ein seriöses Drogenproblem – der Mann hatte mit dem Druck des Vaterseins einfach nicht umgehen können und trat die sprichwörtliche Flucht nach vorne an. Darf man als Mann seine Vaterschaft bereuen?

2015 veröffentlichte die israelische Soziologin Orna Donath eine Studie mit dem Titel *Regretting Motherhood.* Darin untersuchte sie das Phänomen, dass viele Frauen nach der Geburt ihres Kindes anhaltend bereuen, Kinder bekommen zu haben. Der dazugehörige Hashtag, der in die sozialen Medien drang, ermutigte Frauen auf der ganzen Welt zu einem derartig offenen Bekenntnis. Aus feministischer Sicht wird die Möglichkeit, sich so zu erklären, als Akt der Befreiung verstanden. Wer jetzt das Konzept von Gleichberechtigung kleinlich anwendet, muss diese Befreiung natürlich auch dem Mann zugestehen. Und da kann man es ruhig als Ungerechtigkeit empfinden, dass das männliche *Regretten* meistens doch eher mit Egoismus und fehlender Reife erklärt wird.

Für mich erschließt sich das Bereuen der Elternschaft in der Öffentlichkeit aus beiden Perspektiven nicht. Wer unglücklich mit seiner Rolle als Elternteil ist, darf das sein. Vieles lässt sich erst in der Selbsterfahrung bewerten – No-Brainer. Wer diese Erkenntnis aber in die Welt hinausruft, muss schon mit sehr viel Abstraktionsvermögen seines eigenen Kindes rechnen, die Wahrscheinlichkeit, dass es einen Schaden fürs Leben davonträgt, ist aus meiner Sicht groß. Ich jedenfalls bereue nichts – nicht einmal dann, wenn ich mit meinem Sohn nachts um drei in der Küche sitze, weil er einen Apfel essen möchte. Und er ihn dann doch nicht isst.

* * *

Bevor unser Sohn geboren wurde, sagte ich meiner Frau täglich, dass ich der modernste Dad der Stadt sein würde. Heute schätze ich meine Vaterperformance – mein Sohn ist anderthalb, er wird eine Schwester bekommen – auf einen guten Mittelwert. Wir wechseln uns ab mit dem Kita-Fahrdienst, ich kann besser wickeln und beherrsche eine Technik, mit der ich unseren Sohn in wenigen Minuten zum Einschlafen bringen kann. Und nein: Ich werde diese Fähigkeiten nicht in einem Insta-Post in die Welt hinauszuschreien. Ja, meine Frau war diejenige, die in Elternzeit ging – durch ihre berufliche Vielseitigkeit war das aber nie als kompletter Ausstieg aus dem Berufsleben zu werten –, und die Möglichkeiten des Homeoffice-Dads führten bei mir nie wirklich zur großen Daddy-Abwesenheit. Wir hatten beide Lust auf dieses Modell, es funktionierte. Der Kern meiner selbst attestierten, modernen Vaterrolle ist aber jener: Sollte es demnächst zu einer Prioritätenverschiebung kommen oder andere Umstände es nötig machen, dass ich meine Arbeitszeit reduziere, in Elternzeit gehe oder gar ganz aufs regelmäßige Arbeiten verzichte – ich würde es schneller veranlassen, als man das Wort *Ganztagsbetreuung* sagen kann. Denn in einem Punkt sind meine Frau und ich uns auch einig: Kinder zu haben, sollte unbedingt bedeuten, mit ihnen so viel Zeit wie möglich zu verbringen. Natürlich solange man das Privileg besitzt, es entsprechend einrichten zu können.

* * *

Ich bin sehr gerne Vater. Ich finde sogar, dass Vatersein eine gewisse Sexyness umgibt. Dass Männlichkeit erst richtig zur Blüte kommt, wenn man von seinem Kind erzählen kann, weil Verantwortungsbewusstsein eben doch sehr attraktiv ist. Frauen bestätigen das. Das ist jetzt sicher wieder ein Stück alte Männlichkeit. Aber trotzdem wahr.

23

# A good-looking man

Wenn ich darüber nachdenke, in welchen Momenten meines bisherigen Lebens ich mich besonders männlich gefühlt habe, in welchen Momenten mir ein anderer Mensch eine gewisse Männlichkeit direkt oder auf Umwegen attestiert hat, dann fällt mir zuerst eine Situation ein, die so derartig unbedeutend scheint, dass man sie kaum anekdotisch erzählen kann. Im Grunde geht es dabei nur um einen einzigen Satz, der mich für wenige Augenblicke an die Seite von Steve McQueen katapultierte.

* * *

2014 war ich zusammen mit meiner ganzen Familie nach England gereist. Mein Vater hatte sich vorgenommen, mit uns, seinen Kindern, an den Ort zurückzukehren, an dem er einen wichtigen Abschnitt seiner Jugend verbracht hatte – ein Internat in Oxford, auf das er von seinen Eltern für ein Jahr geschickt worden war. Für uns Kinder die einmalige Möglichkeit zu überprüfen, ob die Dinge in der Realität so vorlagen, wie er sie uns in seinen wilden Erlebnisberichten immer dargestellt hatte: Ob es da wirklich diese Dachrinne gab, über die er angeblich heimlich aus den Schlafräumen geklettert war; ob man London tatsächlich zu Fuß erreichen konnte; ob es überhaupt existierte, dieses Internat. Wir befanden uns also auf einer grundsätzlich emotionalen Reise mit starken Investigativanteilen.

* * *

An einem Tag, den wir in der Oxforder Innenstadt verbrachten, trieb es mich in den Souvenirshop der Universität. Ich hatte spontan die Idee entwickelt, später – zurück in Deutschland – mit echtem University-Merch zur Arbeit zu erscheinen, mich auf diese Weise mit einer derartig renommierten Bildungseinrichtung gemeinzumachen. Es dauerte auch nicht lange, bis das ideale Shirt gefunden war: dunkelblau und ein bisschen weiter geschnitten. Auf Brusthöhe prangte das goldene, kreisrunde Universitätslogo. Etwas weiter unten, direkt über dem Saum, ein kleines, edel gesticktes Echtheitszertifikat.

Als ich vor dem Spiegel stand und für eine Weile mein gespiegeltes *Ich* begutachtete – das Shirt saß so, wie es sitzen musste – fiel mir eine bestimmt über siebzigjährige Amerikanerin auf; die Art und Weise, wie sie Fischerhut und weiße New Balance Sneaker kombinierte, wies ihr diese Nationalität klar zu. Im Vorbeigehen hatte auch sie einen Blick auf mein Spiegelbild geworfen, und als sie schon längst mit schlurfenden Rentner-Schritten an mir vorbeigegangen war und ich sie nur noch von hinten sehen konnte, hörte ich ein lautes und trotzdem beiläufig geraunte: *A good-looking man in a good-looking shirt.*

* * *

Ich war Anfang dreißig. Zwischen uns lag fast ein halbes Jahrhundert. Und trotzdem hatte mir noch nie zuvor eine Frau auf diese Weise geschmeichelt.

# 24

# Was für eine Spinnerei

Irgendwann Mitte des letzten Jahres lag ich morgens im Bett und wusste plötzlich, dass ich mein Auto verkaufen würde. In meinem Kopf hatte ich eine Entscheidung immer wieder hin und her bewegt, mit jedem Durchgang schien mir das Ergebnis richtiger zu sein: Mein Auto, der Alfa Romeo Spider, mein geliebter Oldtimer, musste weg. Die Überlegungen dazu lauteten ungefähr so: Mit meinem Sohn, der ein Baby war und heute noch ein Kleinkind ist, würde es auf absehbare Zeit keine coolen Vater-Sohn-Trips geben, nirgendwo hat ein Kind in diesem Alter weniger verloren als auf dem einen von zwei Sitzen eines airbaglosen Sportwagens. Mit meiner Frau würde ich auch nur noch selten Ausflüge machen können – denn wo sollte dann unser Kind sein, während wir zusammen durch die Uckermark cruisten? Und auch mich selbst sah ich nicht länger imagewirksam vor irgendwelchen Cafés parken – freie Zeit würde ich am liebsten mit meiner Familie verbringen wollen. Dem Spider fehlten einfach die Anlässe. Dass ich diesen hochrationalen Gedanken zuließ, war ein klarer Marker für die mit der Vaterschaft einschießende Erwachsenenreife. Aber zeigte es auch, dass sich ein Teil meines persönlichen Männlichkeitsverständnisses verändert hatte? Männer und Autos – da war doch was.

* * *

Die Wahrheit ist erst mal: Wer mich nachts weckt und nach dem Spider fragt, bekommt eine druckreife Liebeserklärung vorgetragen, ohne dass ich mir vorher die Augen reiben muss. Ich halte ihn einfach für das schönste Auto der Welt. Er bringt uns rüber ins *Dolce Vita*, verheißt, erfüllt und ist dabei so wohlgeformt, dass man ihm täglich dankbar das Pininfarina-Schildchen tätscheln möchte. Spiderfahren bedeutet, nicht abzuschließen, wenn man vor dem Café parkt, einen Spider klaut man nicht, aus Respekt.

Man fährt ihn nur bei Sonnenschein, weil einem der Regen durch die mit italienischem Optimismus berechneten Spaltmaße mitten ins Gesicht peitschen würde, und warum sollte man überhaupt bei schlechtem Wetter das Haus verlassen? Wer im Spider unterwegs ist, durchlebt den immer gleichen assoziativen Ausflug: Staub aufwirbelnd durch die Olivenhaine rüber ins sizilianische Ragusa, dann im Schatten einer barocken Basilika ein Gelato al Limone lutschen, *Shake Hands* mit Salvatore, später Negronis. Das alles, während man eigentlich auf dem Weg zum Hautarzt in Neukölln ist. Und ja, *confesso*, der Spider verführt dazu, beim Ausfahren der Kurve noch einmal richtig zu beschleunigen, so lange, bis der Motor kehlig knarzt und die Kids am Straßenrand für einen Moment von ihrer Fortnite Mission aufschauen.

Mein Schwärmen für den Spider kennt eigentlich kein Ende. Und sicher sind auch Teile meines männlichen Selbstverständnisses eng mit der Inszenierung rund um das Auto verbunden gewesen. Trotzdem konnte ich ihn nicht behalten.

* * *

Als ich den Wagen seinem neuen Besitzer übergab, stellte sich heraus, dass der Mann, ein Immobilienmakler Mitte fünfzig, vor 25 Jahren schon einmal einen Spider besessen hatte. Auch er war wegen der Geburt seines Sohnes unter einigem Schmerz gezwungen gewesen, den Wagen schließlich abgeben zu müssen. Dass er sich jetzt sein geliebtes Auto symbolisch zurückholte, und ich an seine Stelle trat, was das Abgebenmüssen anging, und wir beide damit eine Art ewigen Kreislauf des Lebens antrieben, rührte mich tief.

Kleine, anrührende Masku-Storys wie diese hätte man vor einigen Jahren noch in einem Sachbuch zusammentragen können – Titel: *Kann man Autos heiraten*? –, herausgegeben von Horst Lichter oder einem anderen öffentlich-rechtlichen Boomer in Lederjacke. Gegenwärtig hat die Liebe zwischen Mann und Motor eher etwas Verwerfliches. Zumindest scheint das der Tenor an den kulturellen Schaltstellen, in den Feuilletonredaktionen und Verlagshäusern zu sein. Auch in den woken Social-Media-Bubbles finden Männer und Autos quasi nicht mehr zusammen. Dass man da Robert Habeck vor einem Ford Mustang, Aurel Mertz mit einer alten G-Klasse und Linus Giese in einer gut erhaltenen Corvette aus den Achtzigern posieren sieht - sehr unwahrscheinlich. Der *gute Mann* sitzt nicht mehr im Oldtimer. Nur: Was ist eigentlich wirklich falsch an dieser Liaison?

Ein Fehler ist natürlich das Auto selbst. Die Mobilitätswende, wie sie ohne Zweifel stattzufinden hat, setzt auf andere Player. Wer sich in Großstädten wie Berlin oder Hamburg morgens inmitten der zombiehaften Blechinvasionen stundenlang Richtung Arbeitsplatz schiebt, kann das kaum erwarten. Meine Kinder werden ungläubig darauf schauen, wie seltsam zäh sich die Fortbewegung ihrer Eltern gestaltet hat. Die Autos, die es dann noch geben wird, werden elektronisch angetrieben sein. Auf Pappplakaten wird stehen: *Lithium-Ionen-Power forever.*

* * *

Mit Blick auf diese disruptiven Entwicklungen ist das Auto also grundsätzlich in Ungnade gefallen: Jeder Mensch, der sich aktuell gut gelaunt neben einem Verbrenner zeigt, gebärdet sich auf ähnlich unmoralische Weise wie ein Großwildjäger vor dem erlegten Nashorn in der südafrikanischen Savanne. Dass es ausgerechnet der Hetero-Cis-Mann ist, der hier mal wieder mehrheitlich zielsicher auf das Falsche setzt, sich in den letzten Jahrzehnten auf untrennbare Weise mit dem Auto solidarisierte und es auch heute noch tut, ist Teil einer tragischen Erzählung, die man über ihn ausbreiten könnte - wenn wir nicht im Patriarchat leben würden und der Mann da selbstverständlich niemals eine wirklich tragische Figur sein kann.

* * *

Der Chefredakteur der Tageszeitung *WELT,* Ulf Poschardt, will noch lange nicht in den Abgesang auf den Verbrenner einstimmen. Neben Büchern, die er über sein Lieblingsfabrikat verfasst, den Porsche 911, neben dem politischen Agitieren gegen Tempolimits auf Autobahnen, neben den Twitter-Scharmützeln, die er sich immer wieder mit der linken Bubble liefert und dabei stets die Attribute *angry, white, male* als an sich gerichtetes Briefing im Blick zu haben scheint, sieht man ihn auf seinem Instagram-Profil am Wochenende unter gleichgesinnten Männern mit dem Ferrari oder anderen alten Sportwagen über die Autobahn heizen – er ist offensichtlich Mitglied in einem Autoclub. Ein wenig anachronistisch wirkt das schon, verboten ist es aber nicht, und genau das ist seine Botschaft. Gehasst wird er für diese gebrochene Lanze von der Wokeness-Community *for free.*

Andere prominente Autoliebhaber gehen es etwas salomonischer an. Autor und Fernsehmoderator Micky Beisenherz etwa hat im TV-Talk-Format *Kurzstrecke* einmal sinngemäß formuliert: Noch lebe er seine Autoleidenschaft, er besitze eine Art Fuhrpark, er sei sich aber auch im Klaren darüber, dass er bald an den Punkt gelange, an dem er insbesondere seiner kleinen Tochter gegenüber nicht mehr erklären könne, warum er weiterhin auf diese Art von Fortbewegung setze. Dann werde es für ihn eine Selbstverständlichkeit sein, das Thema *Auto* hinter sich zu lassen.

* * *

Es bleibt aber immer noch zu klären, ob Männer und Autos – unabhängig von der gemeinsamen Versündigung am Klima – nicht mehr zueinanderfinden sollten, ob es der Gesellschaft schadet, wenn Männer sich für Autos interessieren. Die Versuchung bestünde schließlich auch in einer Welt ohne Verbrenner: Der E-Porsche ist längst unter uns und bereit, bei eventuellen Tinder-Dates aufzukreuzen. Hier steht seit Jahrzehnten der etwas angestaubte Vorwurf im Raum, das Auto diene einer sogenannten *Schwanzverlängerung*. Als Kompensierung einer Ich-Schwäche. Als unnötige Zurschaustellung von Kraft und Potenz. Mann und Auto gesellschaftlich auseinanderzubringen, hätte also auch einen altruistischen Gedanken, würde dem Mann helfen bei der Befreiung vom toxischen Irrglauben, immer das Beste, Schnellste, Größte sein zu müssen oder es zu besitzen.

Für mich klingt dieser Ansatz etwas polemisch und nicht differenziert genug, auch wenn ich mich zur Unterstreichung dessen nicht am Wochenende mit einem 20-Liter-Schlucker auf die Autobahn begeben würde. Einen Wagen zu lieben und ihn deshalb fahren zu wollen, halte ich einfach für menschlich einigermaßen nachvollziehbar und gesellschaftlich verträglich. Sogar wenn es dabei darum ginge, dem eigenen Männlichkeitsverständnis einen entsprechenden Booster zu verpassen. Die Entscheidung etwa, ein offenes Hemd statt eines braven Cardigans zu tragen, geht doch von einem ganz ähnlichen Wirkprinzip aus.

Sicher gibt es jene, die es übertreiben, die nie verstehen werden, dass charakterliche Defizite nicht mit einer AMG-Plakette aus dem Weg geräumt sind. Aber sie sind von denen zu unterscheiden, die ein Auto einfach als schönes Objekt behandeln, so wie man sich für edle Gitarren begeistert oder schicke Stühle. Außerdem hat es auch immer schon Männer gegeben, die sich aus Oldtimern und anderen motorisierten Devotionalien überhaupt nichts machen und stattdessen lieber zum Design-Fixie greifen. *Male pluralism is a thing.*

* * *

Ja, den Spider abzugeben, war auch ein Schritt nach vorne, was mein eigenes Männlichkeitsverständnis angeht – noch einige Jahre zuvor wäre ich nicht zu trennen gewesen von den Dingen, die mich umgaben, die mich eben auch als Mann zeichneten. Der Grund für den Verkauf aber war und bleibt der logistische. Die Liebe zu schönen Autos – diese Wahrheit bin ich bereit auszusprechen – ist ungebrochen. Und wenn die Luft irgendwann zu dünn wird für den gemeinen Verbrenner, lässt sich vielleicht auch ein schönes E-Cabrio finden, in dem ich mit meiner Frau zur Date Night nach Neukölln fahren kann.

25

# Know your business

Hat der junge weiße Mann eine Chance?

* * *

Der Antwort kann man sich nur über eine Reihe weiterer Fragen nähern:

Kann er jemals dem gerecht werden, was er von sich selbst erwartet, was alle anderen von ihm erwarten, was auf Papptransparenten geschrieben steht und ihm entgegenstrebt, wann immer er die Wohnung verlässt: *Es lebe der feministische Mann! Es lebe der sanfte Mann! Es lebe der friedliche Mann! Es lebe der ganz andere Mann!*

Ist das Erbe, das er im Begriff ist anzutreten, eine Nummer zu gewaltig, zu stigmatisiert? Wird er immer der Sohn dieses unmöglichen, exzentrischen Vorfahren sein, den er in seiner Heftigkeit niemals wird überragen können und der ihm nur die Möglichkeit lässt, komplett in der Bedeutungslosigkeit zu versinken oder auf die ganz fiese Weise abzustürzen? Werden die Dinge erst besser werden, wenn die nächste Generation, wenn der sehr junge weiße Mann zu sich gefunden hat?

* * *

Oder ist es vielleicht ganz anders? Führen wir vielleicht eine völlig falsche Diskussion? Ist vielleicht alles – das Gerede vom alten weißen Mann, von der Dekonstruktion und von der Einsetzung eines irgendwie gearteten neuen Mannes – am Ende doch nur ein hochkonstruiertes Narrativ, von dem ausschließlich inselstaatenhaft in den sozialen Medien und der Kulturbubble die Rede ist, von dem der Rest der Welt zwar schon gehört hat, sich im Grunde aber nicht wirklich angesprochen fühlt? Und kann es – wenn sich alle ein bisschen beruhigen – vielleicht noch Ewigkeiten so weitergehen wie bisher, bis uns der Klimawandel irgendwann die letzte Kartoffel unter dem Hintern weggedörrt hat?

* * *

Vor Kurzem sprach ich mit einem Journalisten über Männlichkeit. Ich erzählte ihm von den Gedanken, die ich mir über den Mann gemacht hatte und immer noch mache, zum Umgang mit den Anforderungen unserer Zeit, zur Zukunft des jungen weißen Mannes. Irgendwann fragte er, unvermittelt und bewusst provokant: *»Könnte man den Mann nicht auch einfach mal wieder in Ruhe lassen?«* Für eine Sekunde schoss tatsächlich so etwas wie Mitleid in mein emotionales Zentrum ein. Ich dachte natürlich im Speziellen an den alten weißen Vertreter, über den sich der Diskurs permanent auslässt, der aber nie wirklich zum Dialog eingeladen wird und der deshalb mittlerweile irgendwie traurig wie ein altes, zahnloses Tier hier und da versucht, zumindest ein bisschen böse auszusehen. Ja, vielleicht sollte man ihn einfach lassen.

Direkt im Anschluss war ich mir dann aber wieder sicher: Natürlich brauchen wir Veränderung, natürlich dürfen wir den Mann nicht in Ruhe lassen, und wenn uns – der Gesellschaft – der alte weiße Mann als ein zu weiches Ziel erscheint, dann muss es eben der junge weiße Mann sein, der sich dieser Herausforderung stellt. Es kann nicht bleiben, wie es ist, denn es ist nicht gut, wie es ist. Verbesserung liegt auf eine Weise in der Natur des Menschen, bildet als evolutionäres Prinzip die Grundlage für unser Überleben. Wir haben angefangen, bessere, sicherere Autos zu bauen, bessere Medikamente zu entwickeln, bessere Computer. Es ist nicht völlig absurd, nun auch an einem besseren Mann zu arbeiten.

* * *

Tatsächlich überkommt mich in vielen Momenten meines gegenwärtigen Lebens auch eine einigermaßen ernst zu nehmende Wut, wenn ich an den Mann denke, an den jungen weißen Mann.

* * *

Vor Kurzem saß ich in einem Taxi und wurde – ein bisschen gegen meinen Willen – vom jungen Taxifahrer in ein Gespräch verwickelt. Er regte sich über die Fahrweise des Wagens vor ihm auf. Das sei doch garantiert eine Frau, sagte er; so weit der Allgemeinposten. Ich sagte nichts und scrollte auf meinem Smartphone weiter. Doch der Fahrer begann jetzt erst richtig Fahrt aufzunehmen. Er habe in einer Studie gelesen, dass 90 Prozent aller Unfälle von

Frauen verursacht werden. Ich gab irgendein Geräusch von mir, das eine Gesprächsteilnahme simulierte. Noch schlimmer finde er folgende Zahl: 90 Prozent der verunglückten Radfahrer seien Frauen. Er finde das schade.

Da stieg ich dann doch ein. Was er denn genau *schade* finde?

Na ja, das Leben sei ohnehin so kurz – dass man es sich dann durch Dummheit eigenhändig verkürze, sei einfach schade.

Ob er es denn für eine Lösung halten würde, besondere Verkehrsschulungen für Frauen anzubieten, fragte ich ketzerisch. Damit sprach ich ihm kurzfristig scheinbar aus dem Herzen: Jaja, daran habe er auch schon mal gedacht. Er sei sich aber auch sicher, dass weitere Schulungen bei der Frau nichts bringen würden. Auch das sei einfach schade.

* * *

Wütend machte mich auch eine Situation, die ich kürzlich im Job erlebte. In einer Videokonferenz, an der einige Mitarbeiter meiner Agentur teilnahmen und etwa genauso viele Mitarbeiter des Kunden, für den wir arbeiteten, ging es um die Auswahl eines passenden Regisseurs, der den bevorstehenden Werbedreh bestmöglich umsetzen konnte. Der Regisseur, den wir gemeinsam in die engere Auswahl genommen hatten, stellte sich vor. Und hatte plötzlich, ohne dass er wirklich darum gebeten wurde, eine Idee für einen ganz besonderen Plot:

*»Stellt euch vor, da ist so ’ne hässliche Hausfrau, und die wird von so ’nem Typen richtig hart durchgebumst.*

*Und der Typ bumst sie und bumst sie, bis sie mit dem Kopf durch die Wand knallt, und in dem Moment wacht sie auf und merkt, dass sie alles nur geträumt hat.«*

An der Konferenz nahmen etwa zehn Frauen teil. Niemand wusste so richtig, was er zu diesen Ausführungen sagen sollte. Es herrschte allgemeine Betroffenheit. Der Regisseur war vielleicht Mitte vierzig. Wir haben uns gegen ihn entschieden. Mehr konnten wir leider auch nicht tun.

* * *

Mein prominentester Wut-Case ist vermutlich ein Fall, der viele wütend macht: der Fall des ausgeschiedenen *Bild*-Chefredakteurs Julian Reichelt und seine toxischen Machenschaften innerhalb des Unternehmens. Was genau geschah, wie genau der ihm vorgeworfene Machtmissbrauch in Bezug auf jüngere weibliche Mitarbeiter ausgesehen hat, ist eine juristische Frage. Eindeutig zu beobachten waren allerdings die Reichelt-Solidaritätsbekundungen vieler Männer aus seinem Dunstkreis. Ohne zu wissen, was die Wahrheit in dieser Sache ist – die sich in Schutz nehmenden, zum Teil relativ jungen weißen Männer wirkten auf mich irgendwie rückständig und falsch, weil sie eben den Versuch abbildeten, ein völlig aus der Zeit gefallenes Männergebaren vermeintlich aufrichtig zu verteidigen.

* * *

Ja, es gibt an einigen Stellen noch sehr viel zu tun, was das Überwinden alter toxischer Männlichkeitsreflexe angeht – auch für den jungen weißen Mann. Trotzdem gibt es da draußen schon viele, die es besser machen wollen, die noch nicht ganz da sind, die vielleicht nicht mit jeder geforderten Justage einverstanden sind und die – das ist mein Claim – selbst mitgestalten sollten, wenn es um das Verständnis eines neuen Mannseins geht.

Die Journalistin und Autorin Johanna Adorján, die im Jahr 2021 mit dem Roman *Ciao* die Geschichte eines alten weißen Mannes erzählt, dem der Anschluss an die moderne Zeit nicht gelingen will, berichtet in einem Interview von vielen jungen Männern in ihrem Bekanntenkreis, die als kluge, nette Männer dennoch ins Straucheln geraten und unsicher sind, wie sie sich denn jetzt zu verhalten haben. Auch in meinem Umfeld beobachte ich diese Taumeleien. Manchmal ist das Schauspiel besonders kurios; dann nämlich, wenn sich vermeintlich woke Männer mit jedem getrunkenen Bier ihren toxischen Wurzeln wieder annähern und es wirklich nicht auszuschließen ist, dass sie am Ende des Abends zwei Schwule beleidigt und der Kellnerin an den Hintern gefasst haben.

Um diese zum Dialog und letztendlich auch zur Veränderung bereiten Männer mitzunehmen, um die nötige Mehrheit aller jungen weißen Männer zu einem Teil des Change-Prozesses werden zu lassen, sind die Narrative, die Ansprachen, wie sie die woke, feministisch geprägte Community aktuell wählt, wahrscheinlich nicht die richtigen. Überhaupt empfinde ich die Grundidee von Wokeness an vielen Stellen als irgendwie regressiv.

Gesellschaftliche Betrachtungen werden in woken Argumentationen auf eine aus meiner Sicht unzulässige Weise vereinfacht; die Komplexität, die Bemühung um Differenzierung, die echt kluges Denken ausmacht, kann ich regelmäßig in hart-woken Positionen nicht wirklich wiederfinden. Und es ist insbesondere auch die Aggressivität, mit der diese Positionen vorgebracht werden, die für mich einen guten, gewinnbringenden Austausch verhindert.

* * *

Kurz nachdem ich mit meiner Frau zusammengekommen war, begleitete ich sie auf eine Party im tendenziell woken Milieu. Als ich mit ihr im Arm auf eine Gruppe junger Frauen zuging, die meine Frau flüchtig kannte, begrüßte mich eine der Frauen mit den Worten: *»Ah, du bist also der neue Stecher!«*

Das war natürlich auf verschiedenen Ebenen nicht ganz korrekt: Weder war ich so etwas wie ein Stecher, sondern der neue, offizielle Partner; noch war es einem universalen Verständnis von Höflichkeit nach so richtig nett, mich auf diese Weise vor den Kopf zu stoßen. Dass dahinter eine Mischung aus *sexpositiver* Attitude und eben einer relativ aggressiven Variante von Männlichkeitsdekonstruktion steckte – in diesem Fall durch das Spiegeln eines über Jahre im Patriarchat betriebenen Sexismus –, war schnell klar. Zu irgendetwas bewogen hat mich diese Aktion trotzdem nicht.

* * *

Die Borniertheit, die Heftigkeit, mit der woke Überzeugungen zum Thema *traditionelle Männlichkeit* den Weg in die sozialen Medien finden, empfinde ich in vielen Fällen als unangenehm. Na klar, wir befinden uns im Kulturkampf – aber seit wann sind wir so derartig kriegerisch?

Natürlich leuchtet mir das Konzept vom *harten Reingehen* ein, von der Idee, dass am Ende sowieso nur ein Bruchteil dessen wirklich hängen bleibt, was man in einem gesellschaftlichen Change-Prozess in die Waagschale wirft, und dass es deshalb richtig sein kann, brutal zu argumentieren, um am Ende bei gemäßigten Veränderungen rauszukommen.

Für mich klingt das aber nicht nach einer zeitgemäßen Methode. Und ich bin mir sicher, dass auf andere Weise viel mehr zu bewegen ist.

* * *

Die Antwort auf die Frage, wie eine neue Männlichkeit aussehen muss, wie man sie der Mehrzahl der Männer angedeihen lassen kann und welche Rolle der junge weiße Mann dabei spielt, ist natürlich weder schnell gefunden noch als einheitliche und widerspruchsfreie Lösung zu erwarten. Wichtig ist aus meiner Sicht – und da sind sich viele Soziologen und Genderexperten einig – die grundlegende Erkenntnis, dass es dabei nicht um *ein* neues Männlichkeitsverständnis gehen wird, sondern um viele Ausprägungen von Männlichkeit. Dazu zählen dann alle neuen Varianten – eine Männlichkeit, die nicht auf Kosten der Frau ausgelebt wird und Gendergerechtigkeit als Maxime versteht, die Männlichkeit von Transmännern, die Männlichkeit von bi- und homosexuell lebenden Männern. Aber eben auch – und das ist wichtig – Teile der traditionellen Männlichkeiten, die sich mit neuen Aspekten verbinden können, verbinden müssen.

* * *

Andreas Borter, der ehemalige Leiter des Schweizerischen Instituts für Männer- und Geschlechterfragen, erklärte in einem Interview mit der *Neuen Zürcher Zeitung*, dass etwa das traditionelle Verständnis vom starken Mann nicht unbedingt ein schlechtes sein müsse, man müsse nur Wege finden, es zum Wohle aller einzusetzen und umzudeuten. Gleichzeitig müsse es auch eine Männlichkeitsnische geben für den Mann, der sich eben gar nicht stark fühlt. Ich sehe das genauso.

Das Allerwichtigste – und damit zentraler Punkt meiner Überlegung – ist: Der junge weiße Mann, auf dem jetzt die ganze gesellschaftliche Hoffnung liegt, muss anfangen, sich zu reflektieren, sich mit dem zu beschäftigen, was war und was sein soll. Nur aus ihm heraus und einer Erkenntnis über seine eigene Männlichkeit wird es möglich sein, ein neues, besseres Männlichkeitsverständnis im Sinne einer Diversität und voll umgesetzter Gendergerechtigkeit real werden zu lassen. Hier hilft ein Leitsatz des alten weißen, von mir verehrten Showmannes Harald Schmidt, den ich in meinem Leben schon oft gewinnbringend nutzen konnte: *»Sei immer weiter als die Kritik!«* An den jungen weißen Mann adressiert könnte man auch sagen: *Know your business!*

* * *

Ich bin kein Experte für Männer, Männlichkeit oder Gender. Ich bin mir auch nicht sicher, ob ich wirklich eine Lösung gefunden habe, wie ich Männlichkeit für mich definieren werde und wie sie andere Männer für sich definieren sollten. Das wird eine Zeit brauchen, das ist ganz normal. Aber ich habe in der Beschäftigung damit, über die Fragen, die ich mir gestellt habe, zu einem viel besseren Gefühl gefunden, zu mehr Klarheit in den Dingen. Zu einer Möglichkeit, die Diskussion rund um Männlichkeitsbilder nicht nur zu bezeugen und im schlimmsten Fall schlecht gelaunt aus der hinteren Bank zu bejammern. Ich habe eine Art von Hoheit über das Thema erlangt.

Und dabei etwas über die Ambivalenzen von He-Man erfahren. Über die Abgründigkeit von romantischen Komödien und die äußerst hilfreiche Fähigkeit, theoretisch jeden im Raum mit bloßen Händen töten zu können. Über die Notwendigkeit, für meine Kinder ein Held in Trainingshose zu werden. Darüber, dass Liebe keinen *Code of Conduct* braucht. Dass wir mehr über Pornografie reden müssen. Dass ich mir wahrscheinlich in 25 Jahren wieder ein Cabrio kaufen werde. Und dass ich bis hierhin schon ein ganz schönes Leben geführt habe.

* * *

Der junge weiße Mann hat definitiv eine Chance. Aber er hat auch einiges zu tun.

* * *

In wenigen Wochen wird meine Tochter geboren. Ich bin dann Vater von zwei Kindern. Sie zu guten Menschen heranwachsen zu lassen, wird meine Frau und mich immer wieder auch zur Frage nach dem richtigen Umgang mit Männlichkeit führen. Die Leute sagen: *Don't protect your daughter. Educate your son.* Ich denke, wir werden einfach beide erziehen. Und auf beide aufpassen.

# Über den Autor

© Ben Klöden

Julian Witzel wurde 1982 in Fulda geboren. Vor, während und nach dem Germanistikstudium in Köln arbeitete er als Songtexter und Musiker – heute ist er als Creative Director in der Werbebranche beschäftigt. Außerdem schreibt er für den Stil-Teil der *Welt am Sonntag*. Julian Witzel lebt mit seiner Familie in Berlin.